铜铸滇魂

云南滇国青铜文化展

Classical Copper Casting Culture in the Dian Kingdom — An Exhibition of Bronze Culture from the Dian Kingdom in Yunnan

秦始皇帝陵博物院 编
侯宁彬 主编

西 北 大 学 出 版 社

《铜铸滇魂——云南滇国青铜文化展》编委会

主　　任 侯宁彬
委　　员（以姓氏笔画为序）
马文斗　王润录　田　静　李红成　张　岩
武天新　杨延临　侯宁彬　侯宏庆　郭向东

学术顾问 马文斗　樊海涛

主　　编 侯宁彬
副 主 编 郭向东　邵文斌
学术文章 蒋志龙　樊海涛
撰　　文 樊海涛　平　力　张　涛
图　　片 严钟义　邢　毅　樊海涛　李红成　杨成书　平　力　姚佳琳　陈　亮　赵　震
翻　　译 张济琛　杨立盟　庞佳瑜
审　　译 Shiona Airlie
执行编辑 张　涛　平　力
图片编辑 赵　震
校　　对 邵文斌　樊海涛　平　力　王　锐　张　涛　姚佳琳　杨立盟（英文）　庞佳瑜（英文）

展览组织与实施

总 策 划 侯宁彬
项目总监 郭向东
项目负责 邵文斌
内容设计 樊海涛　平　力　张　涛
形式设计 崔大龙
图　　片 邢　毅　严钟义　樊海涛　杨成书　平　力　姚佳琳　陈　亮
翻　　译 张济琛　杨立盟　庞佳瑜
审　　译 Shiona Airlie
展览组织 马生涛　郑　宁　等

目录
Contents

序一

Preface I

秦始皇帝陵博物院是以秦始皇兵马俑博物馆为基础，以秦始皇陵遗址公园为依托的一座大型遗址博物院。同时，秦始皇帝陵博物院也是以秦始皇陵及其背景环境为主体，基于考古遗址本体及其环境的保护与展示，融合了教育、科研、游览、休闲等多项功能的公共文化空间。经过近40年的发展，逐步形成了以遗址陈列为主体、铜车马陈列为精华、整体风貌环境为烘托、临时展览为补充的相对系统的陈列展示体系。

30多年来，秦始皇帝陵博物院举办了多项有影响的临时展览，拓展了作为世界遗产地的展示内容，现在基本形成了以秦文化主题展览为核心，同时举办世界文明系列展、东周时期地域文化系列展、秦帝国之路系列展、秦陵博物院系列成果展，形成了较为系统的临时展览体系。自2014年策划“东周时期地域文化系列展”以来，先后举办了“萌芽·成长·融合——东周时期北方青铜文化臻萃”“南国楚宝 惊彩绝艳——楚文化展”“传承与谋变——三晋历史文化展”“泱泱大国——齐国历史文化展”“水乡泽国——东周时期吴越两国历史文化展”“寻巴——消失的古代巴国”“神秘王国—古中山国历史文化展”等展览。这些展览使观众在秦始皇帝陵博物院不仅能了解到秦中央集权下的政治、经济、军事和文化等成就，还可以了解到东周时期中华大地上各地方区域文化的发展过程与历史面貌。

中华文明源远流长，丰富多彩。两千多年前，云南的滇池沿岸曾经有一个被称为“滇”的古老文明，她创造了灿烂的青铜文化。据《史记》记载，公元前109年，汉武帝在云南设益州郡，封滇国国王为“滇王”，并赐“滇王之印”。就在司马迁将它载入史籍后不久，滇国就从历史记载中销声匿迹了。1956年，考古工作者在晋宁石寨山墓地中发掘出土了“滇王之印”金印以及大量青铜器，揭开了古滇王国神秘面纱的一角，再次把这个虚无缥缈的滇王国真实地呈现在人们面前。之后，玉溪市江川区李家山古墓群、昆明市官渡区羊甫头墓群等多个重要滇文化遗址的陆续考古发掘，出土了数以万计的滇国遗物，这个沉睡了两千多年的古代王国逐渐向世人显露真容，古滇王国的光辉才重现于世。“滇”是青铜艺术的王国。滇人用现实主义的手法、巧夺天工的冶铸技巧，将社会生活的千姿百态熔铸成一件件青铜艺术杰作，引领我们穿越时空，去探寻古滇盛景，触摸古滇之魂。

“铜铸滇魂——云南滇国青铜文化展”是秦始皇帝陵博物院“东周时期地域文化系列展”之一，也是2018年我院推出的又一重要展览。该展览为我院与云南省博物馆经过一年多的共同努力，精心筹备的首次以滇国文化为主题的原创展览，集中展现了这一时期云南滇国青铜历史文化和综合研究的成果。我们试图带领观众领略中华民族丰富多彩的文化面貌，寻觅神秘的滇国极富特色的文化内涵，探寻其历史之谜。一个好展览的生命不应随着展览的撤离而结束。我们与云南省博物馆合力出版的这本《铜铸滇魂——云南滇国青铜文化展》图录，将精美的120件（套）展品和相关研究成果记载下来，可以为滇文化的研究提供资料，也可以为亲临现场的观众留下长远回味，还可以为未能参观展览的观众提供一个了解滇文化的机会。

秦始皇帝陵博物院院长

侯宁彬

2018年6月

序二

Preface 2

彩云之南，山高水碧，滇国故地，钟灵毓秀。两千多年前的战国时期，生活在中国西南地区的滇人在滇池东南岸建立了滇国，势力涵盖今云南省中部及东部地区，其创造的青铜文化迸发出中国西南边疆的文明之光。

“滇”是我国西南边疆古代民族建立的一个古代王国。它出现的时间至迟不晚于战国初期，战国末至西汉为其全盛时期，西汉晚期走向衰落，逐渐被中原王朝的郡县制所取代。滇国尚未有自己成熟的文字系统，司马迁在《史记·西南夷列传》中有关古滇国的记载也是只言片语，其辉煌的历史和灿烂的文化在历史岁月之中湮没了两千多年。直到 1955 年石寨山滇王族墓地的发现，才让古滇王国的光辉重现。其出土文物品类之盛大、技艺之精湛、所展示的文明之高卓，令人震惊。滇文化遗物迄今已出土上万件，以青铜器为大宗，它们不同于中原夏、商、周三代青铜器崇神、重礼的程式化、符号化，而是具有鲜明的地方民族特色。滇国青铜器以生动细腻的写实手法著称，将两千多年前滇国社会的一幕幕场景鲜活地展现在我们眼前——战争、祭祀、宴乐、狩猎、耕作、出行、动物活动等场景，都被滇国工匠们捕捉下来，铸成永恒的瞬间。可以说，滇人用青铜铸造了历史，铸就了滇国之魂！

云南与陕西虽相距千里，但自战国时起，滇、秦就有交集。早在公元前 4 世纪末的战国时期，秦国即开始经营西南边疆。秦孝文王时（前 250—前 247 年），李冰“凿僰道”，即由青衣沿青衣江至僰道（今四川宜宾）。秦始皇统一六国后，继续致力于西南边疆的开拓，开五尺道。“五尺道”是在“僰道”的基础上开拓的从蜀至滇的道路。由僰道经朱提（今云南昭通），达味县（今云南曲靖），再转到滇池（今云南晋宁），因其穿行在崇山峻岭间，仅宽五尺，故名。僰道和五尺道联通秦与滇，使云南与内地的交流更加紧密。

汉武帝时期，北方丝绸之路被匈奴阻隔。张骞在出使西域时得知另一条从四川经云南、缅甸到印度乃至西亚和欧洲的“蜀身毒道”。汉遣使求通时，在云南西部被“昆明人”所阻挠。于是武帝在长安西南开凿昆明池训练水军，著名的大观楼长联中遂有“汉习楼船”之典故。如今正值昆明池重修再开之际，滇文化展到古都西安再续前缘。此次的“铜铸滇魂——云南滇国青铜文化展”，选取了云南省博物馆收藏的最具特色的文物藏品，以及近年来云南考古的最新发现，主要是战国至东汉时期云南晋宁石寨山、江川李家山、昆明羊甫头等地出土的滇国文物。整个展出以青铜器为主，辅以漆器、金器、宝玉石等品类，这些文物浓缩了古滇国文明的精华，展现出两千多年前的古滇国的文化面貌。参展的120余件（套）文物中，仅一、二级藏品就有58件（套），其中石寨山出土的四牛鎏金骑士铜贮贝器、二人盘舞鎏金铜扣饰、江川李家山出土的祭祀场面贮贝器等都是举世闻名的滇国瑰宝。

习总书记在十九大报告中强调："满足人民过上美好生活的新期待，必须提供丰富的精神食粮。"云南省博物馆一直致力于弘扬中华优秀传统文化，为人民群众提供优秀的精神食粮始终是我们的职责和使命所在。今天，"铜铸滇魂——云南滇国青铜文化展"在秦始皇帝陵博物院隆重举办，这是两馆合作交流、共同努力的成果，希望得到广大观众的喜爱。

最后，衷心祝愿"铜铸滇魂——云南滇国青铜文化展"取得圆满成功！

云南省博物馆馆长

2018年6月

近年来滇国考古的新发现

New Archaeological Discoveries from the Dian Kingdom in Recent Years

云南省文物考古研究所 研究员 蒋志龙

进入21世纪，云南在石寨山文化（俗称“滇文化”）的考古发现和研究方面取得了很大的收获，主要表现在以下几个方面：

一、对墓地的认识更加全面、系统、深入

以往，我们对墓地的认识，通常只是在墓地被盗以后，进行抢救性清理的时候才有所了解，而且清理也只是针对被盗的区域，被盗墓者“牵着鼻子走”，走入了“被盗—清理—再被盗—再清理”的怪圈。如石寨山墓地，经过1955—1960年先后四次发掘之后，人们就很少“关注”这个墓地了。从1991年起，在云南刮起的“盗墓之风”也蔓延到石寨山。据当地村民说，最多时有成百上千人到墓地盗挖。1996年的石寨山第五次抢救性发掘，最初的目的也只是想了解石寨山墓地是否还有墓葬，后来的清理演变成抢救性发掘，并且还出土了不少让世人为之震撼的新文物。之后，石寨山墓地的考古工作又沉寂了。类似的现象不仅在晋宁石寨山存在，江川李家山、官渡羊甫头等墓地也存在，在云南其他地方肯定也还有。1992年的江川李家山因被盗而进行的考古发掘，因其重要发现还获得了当年的“全国十大考古发现”。1998年昆明官渡羊甫头墓地，因施工单位在施工过程中发现墓葬隐匿不报，并大肆疯狂盗掘，后来被当地村民举报才进行抢救性发掘，仅“滇文化”墓葬就达800余座，出土文物数万件，其中M113墓室被盗，在剩余的腰坑之中，发现大量保存完好的漆器，因此获得1999年度的“全国十大考古发现”。

由于受到各种主、客观条件的限制，对墓地开展的田野考古工作往往是局部的、片面的，通常做法就是在被盗区域开展清理，极少会主动摸一下整个墓地的墓葬分布情况。这种现象导致的直接后果无论对考古研究还是对整个墓地的保护，都是极不利的，但这是那个时候的“常态”。

2006年，在云南省文物考古研究所的指导下，玉溪市文物管理所对澄江金莲山墓地进行了抢救性清理（该墓地照例也是因为被盗而被发现的）。在清理过程中，有一些重要发现，特别是在墓葬中保存有大量的人骨，其奇特的人骨埋葬姿势引起了考古界和社会各界的高度关注，但在发掘过程中，对一些细节的处理仍显不足，比如，针对大量出现的人骨，没有进行现场的人骨鉴定；

金莲山墓葬发掘航拍图

对一些葬式的判定也不到位等。考虑到该墓地十分重要，我们认为不能再像以前那样选择一个区域进行抢救性清理发掘了事，必须在发掘前对该墓地进行认真仔细的考古勘探工作。于是在云南省文物考古研究所领导的支持下，聘请专业考古勘探公司，利用洛阳铲对整个金莲山墓地进行了系统勘探，也取得了很大收获。通过勘探，我们知道了整个金莲山墓地墓葬的分布范围，以及墓地的大致布局、疏密程度，为金莲山墓地进一步的考古工作和文物保护工作打下了坚实的基础。这在云南的考古工作中属于“吃螃蟹”之举，当时面临行业内外的巨大压力，但我们觉得这一做法是对的，是符合云南实际情况的。

自此之后，云南又先后对江川李家山古墓群、晋宁石寨山古墓群等进行了系统勘探。在两个墓地的勘探中也都有一些新的重要收获——不仅摸清了墓地的墓葬分布范围、埋藏规律，而且还有一些重要的考古新发现，比如在石寨山墓地发现有围绕墓地的城墙，后来在石寨山山脚下还发现有类似城壕的遗迹；在李家山发现有被 M24 打破的时代更早的墓葬等。这些考古勘探工作，不仅为考古研究者提供了研究对象的整体情况，而且为有关部门制订墓地的保护规划，以及在未来开展保护性展示都提供了难得的第一手资料。做到心中有数，说得直白一点，就是摸清家底的基础工作，这也是按照国家主管部门的要求来做的。

随后，在考古勘探的基础上，我们选择在金莲山山顶区域 2006 年发掘的南边部分进行发掘，了解墓葬的埋藏情况和文化面貌。在 600 平方米范围内清理了 265 座墓葬，墓葬分布的密集程度是我们之前所未曾预料到的，使我们对该墓地的了解更深一步。[1] 在这次发掘中，我们的主要目的是了解墓葬的分布规律，了解墓葬特殊的葬式和葬俗，同时，也可以验证考古勘探的可靠性。针对墓葬中出土的人骨，我们聘请了专业的体质人类学专家现场对出土人骨一一进行鉴定。这样，使我们对清理的每一座墓葬中埋葬了什么样的人，年龄多大，是男还是女都一清二楚。有了体质人类学的鉴定，我们就能够很清楚地知道埋在墓坑中的人的信息。将这些人与他们的随葬品一一对比，我们发现：金莲山墓地的成年男性都随葬青铜兵器和圆形扣饰，女性则都随葬陶质的纺轮，

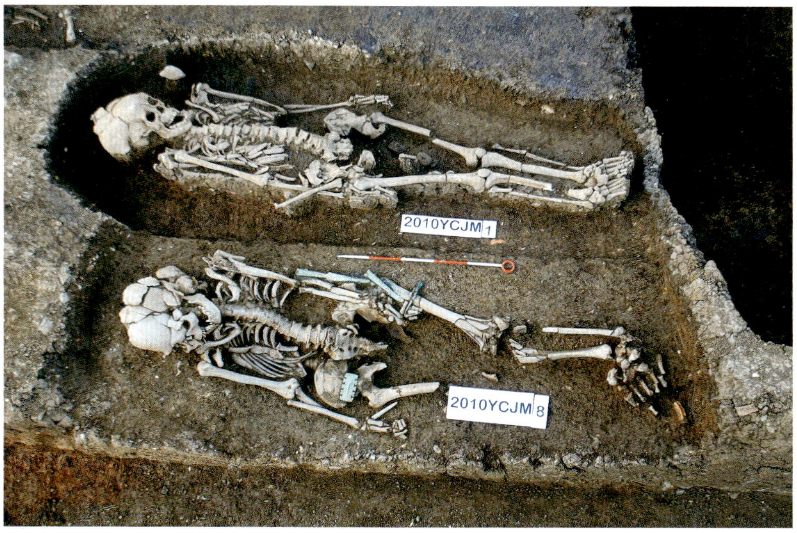

金莲山墓葬清理人骨

几乎没有例外。体质人类学的这一鉴定结果，对我们分析那些只见随葬品而不见人骨遗存的其他石寨山文化墓葬而言，具有指针性的意义，使一大批石寨山文化墓葬的墓主性别得到厘清。

在进行体质人类学鉴定的同时，我们还委托专家对人骨进行古病理的研究，分析导致这些人死亡的具体原因是什么。通过古病理分析，发现关节炎是当时引起人们死亡的重要病因。通过对部分人骨的碳氮同位素分析，了解到金莲山人的饮食构成，分析结果表明：金莲山墓地的墓主肉食来源比较丰富，他们所摄入的植物类以 C3 类为主，达 85.85% ~ 94.87%，这类植物当为水稻。总之，从金莲山墓地出土的人骨的分析鉴定，使得我们对石寨山文化的“人”的认识大大地推进一步。我很赞同当时陪同前国家文物局局长单霁翔前来金莲山墓地检查工作的宋新潮副局长的一句话——金莲山最有价值的是这批人骨，我们不能亏待了这批“国宝”。

二、聚落遗址的探索

石寨山文化遗址一直是石寨山文化考古研究中的短板。

1990 年，对玉溪刺桐关新石器时代遗址的发掘，使石寨山文化遗址的发现出现了转机。该遗址中大量出土的同心圆纹盘，长期以来被认为是云南滇池地区新石器时代的典型代表。自 20 世纪 50 年代末，同心圆纹盘是滇池盆地新石器时代考古调查以来所形成的学界共识。刺桐关遗址中发现的与同心圆纹盘共存的圜底陶釜以及青铜器小件引起了人们认识上的骚动，思想敏锐的学者已经注意到这类遗存的不同，但并未真正动摇人们对这类遗存年代的认识。

2005 年，对昆明西山龙门天子庙遗址的发掘，标志着石寨山文化遗址发现的真正开始。在该遗址发掘的地层中，除发现大量的同心圆纹盘类遗存外，还发现了与这类遗存共存的圜底陶釜、有肩有段石锛、铜鱼钩和铜刀等遗物。最让人吃惊的是，在遗址中还发现有残断的石镯，这类石镯在形制和大小上与墓葬中出土的“玉镯”完全一样。遗址中出土的侈口旋纹罐残片更能直接跟滇池盆地墓葬中的同类器物完全对应起来。

因此，我们认为，这处新石器时代遗址应该属于青铜时代。可惜由于发掘面积的限制，我们未能发现包括房屋在内的遗迹现象（当时的发掘仅限于高海高速公路的占地范围，地势陡峻且十分狭窄），未能找到该文化的聚落，我们推测该遗址的聚落应该就在发掘区附近。

2006 年，我们对晋宁区上蒜镇的小平山遗址进行了试掘。[2] 在试掘中，我们首次发现了石寨山文化的半地穴式窝棚状的房屋。

2008 年，在进行澄江金莲山墓地发掘的同时，我们一直在思考，金莲山墓地的主人生活的聚落在哪里？我们一边发掘，一边安排工作人员在附近区域寻找遗址的线索。当听说附近的学山上有同心圆纹盘时，我们立即前往调查，在该山上果然发现了同心圆纹盘的残片。但我们还是不敢肯定发现的就一定是聚落遗址。随后，委托金莲山墓地的勘探公司对学山进行了系统勘探，发现了大量类似灰坑类的遗迹现象。我们随即对其中的一处埋藏较浅的灰坑进行试掘，发现了一处完整的半地穴式房屋[3]，推测该房屋可能与金属冶炼有关。

2010 年，我们对学山遗址申请了正式发掘。通过发掘，我们了解到学山遗址是一个保存完好的青铜时代的聚落遗址[4]，其房屋形制既有半地穴式的，也有浅地穴式的，还有平面起建的，这些房屋的基础都是直接在基岩上开凿出来。房屋的排列整齐有序，所有的房屋都朝向一个方向，连接各房屋的道路清晰可见，连接村落与山下的道路亦保存完好。在部分大型房屋的一角埋葬有人骨，采用蹲肢葬，头顶压一块大石头的特殊现象在周边地区尚未发现。村落中发现的部分墓葬中出土有纺锤形的陶瓶，周身饰满戳印纹，其形制大小和纹饰风格与在通海海东贝丘遗址发现的一模一样（海东遗址的测年在距今 4000 年左右）。遗址的房屋和灰坑中还残留一些碳化稻谷和小麦等粮食作物。

2013 年，云南省文物考古研究所对东川玉碑地遗址进行了发掘，取得重大突破，发现出房屋、灰坑、柱洞、活动面及瓮罐葬的遗迹，并出土陶器、青铜器、石器以及动物骨骼、矿石炼渣和碳化稻等遗物。发掘共清理房屋 15 座，灰坑 49 座及瓮罐葬 6 座。房屋均为圆形半地穴式和浅地穴式房屋，地穴深约 0.1 ～ 1 米，房屋地穴周围分布有柱洞，中心部位有一个较深的中心柱洞，柱洞旁有烧火痕迹，推测为火塘位置所在。房屋直径一般 4 米，较大者 5 米，屋内地面平整，屋面坚硬，部分房屋居住面边缘发现有凹槽及小坑，凹槽皆位于房屋东侧，推测其用途为汇集或者排泄雨季穴壁渗漏的雨水。地穴周围土质较为坚硬，部分坑泥用作房屋墙基，在地层及灰坑堆积中曾发现部分经过烘烤且质地坚硬的土块，推测其可能为已损坏的木骨泥墙残块。该遗址中发现的陶器与滇池盆地的不同，不过附近的普车河墓地出土的青铜器与滇池地区的相同。所以玉碑地遗址是否属于石寨山文化或者只是石寨山文化的一个地方类型，还是作为一个新的考古学文化，都有待进一步的研究。

2015 年 9 月至 2016 年 10 月，云南省文物考古研究所等单位对通海兴义贝丘遗址进行了发掘[5]，清理属于兴义二期的房屋 18 座、墓葬 8 座、瓮罐葬 4 座、灰坑 2 个、道路 4 条以及灰堆 10 个、沟 2 条等遗迹现象。其房屋种类丰富，既有半地穴式，也有地面式、干栏式以及亭棚式的房屋。圆形半地穴式房屋中央的柱洞呈方形分布，方形柱洞中央多为灶堆，沿房屋内地穴边缘有密集的小柱洞，应为木骨泥墙。地面式房屋多为方形，在地面有较浅的基槽，基槽内有木骨泥墙。圆形房屋的中央多有火塘，而方形房屋却没有火塘，发掘者认为这些房屋可能存在不同的功能分区。

在该遗址的海东类型遗存中，在一个灰坑中（H4）发现一具人骨，四肢卷曲于胸部，人骨

上西河遗址发现的房屋航拍图

上西河遗址早期的陶器

上方压有4块较大的石块，其余的11座墓葬，除M6、M7、M8和M12—M15均为曲肢葬外，M9、M10、M11、M16和M20人骨保存不完整，无法推测葬式，发掘者认为这是一个有固定信仰的族群。在人骨上方压有石块的现象与澄江学山遗址发现的相同。

2017年，云南省文物考古研究所等单位对晋宁上西河遗址进行了发掘，在距地表3米以下，发现了汉代的堆积，汉代堆积的下面发现了时代更早的石寨山文化的聚落。汉代堆积主要为水井，在约200平方米的范围内发现了13眼水井。石寨山文化的遗迹主要有房屋和灰坑等堆积，房屋有半地穴式和干栏式房屋。这是我们首次在滇池地区的冲积平原地区发现的石寨山文化聚落！从最早的地层中浮选的种籽所做的测年表明，该地最早的时代为公元前14世纪，相当于商周时期，该遗址的文化堆积至少可以分为三期。

三、石寨山文化来源的探索

关于石寨山文化的来源问题，长期以来是学术界，尤其是云南考古学界关注的重大学术课题，探索的脚步从未停止。为此，云南省文物考古研究所还特地设立了“滇文化起源”课题，期许在该问题上取得重大突破。

2011年和2012年，云南省文物考古研究所等单位对华宁小直坡墓地进行了发掘，清理了包含石寨山文化在内的竖穴土坑墓536座。其中，石寨山文化墓葬435座，另外92座墓葬文化面貌和石寨山文化区别很大，将其命名为“小直坡文化”[6]。这类墓葬的特点是：“均为小型竖穴土坑墓，极少数带二层台，有随葬器物的墓葬主要分布在发掘区的北部和东部，随葬器物以铜器为主，陶器和骨器数量少，不见玉石器，陶器出土时破碎严重。”

该组器物群的组合为双翼戈、铜镦、刻刀和铜凿等，陶器十分少见。这种遗存不是现在才发现，最早是在20世纪80年代滇南红河州的个旧市石榴坝墓地发现的。此后，在红河州的几个地点也有发现。2006—2008年，在澄江金莲山墓地的早期墓葬中也有发现。[7] 2015年，在晋宁金砂山墓地的山顶部分，也发现有这类墓葬。[8] 无论在随葬器物组合还是墓坑方面都与典型的石寨山文化墓葬区别开来。金砂山墓地的墓坑规模很大、很深，建造相当规整，有的有木棺，单人葬为主，相当部分没有葬具。给人的印象是，墓坑很大很气派，但随葬品却相当稀少，不尽如人意。这类墓葬排列比较规整，很少有叠压打破关系，显示出墓地是有规划的。由于没有开展相关的年代测定，不知道这类墓葬的年代，我们认为应该与抚仙湖盆地的澄江金莲山墓地的早期遗存相同。这是我们首次在滇池盆地发现这类遗存。

我们现在尚难判断金砂山墓地山顶部分的以双翼戈为代表的遗存在年代上是否与上西河遗址最早期的遗存同期，但它已经给我们提供了相关的线索——在滇池盆地的冲积平原地区，出现了公元前 14 世纪的遗存，这或许就是石寨山文化的源。

注释：

1. 云南省文物考古研究所等：《云南澄江县金莲山墓地2008—2009年发掘简报》，载《考古》2011年第1期。
2. 云南省文物考古研究所等：《云南晋宁小平山试掘简报》，载《考古》2009年第8期。
3. 吉林大学边疆考古研究中心、云南省文物考古研究所等：《云南澄江县学山遗址试掘简报》，载《考古》2010年第10期。
4. 资料现存澄江县文物管理所。
5. 云南省文物考古研究所等：《通海兴义遗址》，http://www.ynkgs.cn/html/discover/20161104170831.htm，2016年11月4日。
6. 云南省文物考古研究所等：《华宁小直坡墓地》，云南人民出版社，2014年。
7. 云南省文物考古研究所等：《云南澄江县金莲山墓地2008—2009年清理发掘简报》，载《考古》2011年第1期。
8. 资料现存云南省文物考古研究所。

东周至东汉时期的滇国

Outline of the Dian Kingdom

云南省博物馆 研究员 樊海涛

《阿房宫赋》云："六王毕，四海一"，公元前221年，秦吞并六国，结束了春秋战国以来长期分裂割据的局面，开创了中国历史上首次"大一统"的局面。所谓"六王"，指的是韩、赵、魏、楚、燕、齐诸王，但自东周而下，"四夷"君长以什数，始皇帝虽囊括包举，吞舟之鱼亦难免有漏，云南的古"滇国"就属于这样的存在，它崛起于战国时期，直到东汉才消失在历史中。秦与滇的关系并不像人们想象得那么疏远。《史记·西南夷列传》记载："秦时，常頞略通五尺道，诸此国颇置吏焉。"司马迁此处用"略通"而非"开通"或其他词语来描述。秦二世而亡，五尺道长达两千余里的道路从勘测、选定路线到施工开通，显然不是十来年的时间就可一蹴而就的。可见云南虽偏隅西南，但秦帝国却始终未曾将之视为"徼外之地"。五尺道的开辟沟通了秦首都咸阳经四川与云南东部的联系，中央政府委派官吏入滇治理，使其成为秦帝国的组成部分。这是云南正式纳入中国历史版图的最早的记载。

一、谁建立了滇国

司马迁在《史记·西南夷列传》中对云南早期的社会状况做过一些描述——"楚威王时，使将军庄蹻将兵循江上，略巴、蜀、黔中以西。庄蹻者，故楚庄王苗裔也。蹻至滇池，地方三百里，旁平地肥饶数千里，以兵威定属楚，欲归报，会秦击夺楚、巴，黔中郡，道塞不通。因还，以其众王滇，变服从其俗以长之。"但后世学者对于司马迁所记载的"庄蹻王滇"之事始终将信将疑。在云南出土的许多器物中，确实有部分楚风楚器的存在，但它们并不必然是"庄蹻王滇"的产物。楚青铜器的组合方式与滇青铜器之间的巨大鸿沟也确实存在。[1] 世所共知，楚国乃春秋、战国时南方第一大国，文化影响深远。汉文化就深受楚文化的影响，汉高祖刘邦的老家沛县，在秦统一以前就属于楚国的版图。刘邦本人也是一个深得楚文化精髓的人，他的两首传世诗歌《大风歌》《鸿鹄歌》都是典型的楚歌，[2] 所以我们不能在滇青铜文化中一见到楚风楚器，就认为与"庄蹻王滇"有关。滇青铜文化中出现的楚文化因素不一定就是从楚地来，即使从楚地来也不意味着必然是庄蹻所带来的。当然，从滇、楚青铜文化的差异推论"庄蹻王滇"的虚假也不够客观科学，毕竟目前我们所发现的只是庞大历史之一角，窥斑见豹非全豹，而且司马迁史笔如椽，这样重大的事件应该不是凭空想象，真相如何，真是扑朔迷离。

考古发现的滇青铜文化与楚文化分属不同的两种类型。[3] 朱凤翰先生也曾认为“滇池类型青铜文化来源，一说即是楚将庄蹻带来的楚文化，或说是与四川巴蜀有关系，迄今尚无定论。但从滇池器物之造型、纹饰及组合等各方面看，实与楚器有一定差异，虽与巴蜀铜器有某些联系，但其地方特色很浓厚”。他强调了滇青铜文化的“原生”性质，同时还指出昆明西山小邑村遗址出土的铜器“可能是滇池区域青铜器的早期类型”[4]。这是客观的认识。

战国 滇青铜器上的鸟衔蛇图案（局部）

战国 楚文化漆木虎座鸟架鼓上的鸟衔蛇图案（局部）

“庄蹻王滇”不仅是一个历史课题，更是一个考古课题，在史书的记载中因“层层累叠”而模糊不清，目前考古材料又无确切实证的情况下，对其真伪判断不应急于下结论。因为“先天不足”，解决“庄蹻王滇”真伪问题的时机还未完全成熟。“庄蹻王滇”课题的研究反而不应该集中在“庄蹻王滇”本身，而是与之相关的并已经得到考古学材料支撑的一系列子课题，最终的结论还要等考古新发现来证明。从目前滇青铜文化墓葬遗址出土的文物来看，楚人入滇，不可否认；庄蹻入滇，有待考证；而庄蹻王滇，可能性甚微。滇国及滇王，其主体应该还是土著民族。

滇国的强盛是战国晚期的事情。在春秋战国时期，西北氐羌民族南下的大背景之下，偏居滇池一隅的稻作民族滇人也受到了滇西游牧民族劫掠的冲击。滇王族适时崛起，吸收了外来的先进文化，从一个典型的稻作民族变成了一个具有高度战斗力的农牧兼备的民族，西汉时期，一统滇池周边乃至滇中地区，从而称王制霸。

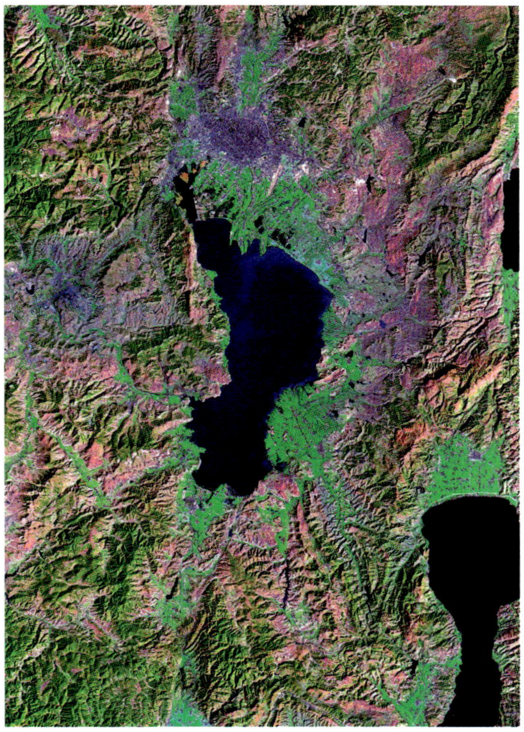

滇池航拍图

二、滇之由来

历代学者对“滇”之由来各有不同的解释。主要有以下几种：

1.《后汉书》云：“其池水源深广，而（末）更浅狭，有似倒流，故谓滇池。”《正义·括地志》云：“滇池泽在昆州晋宁县西南三十里。其水源深广而（末）更浅狭，有似倒流，故谓滇池。”晋代常璩《华阳国志·南国志》中记载着：“滇池县，郡治，故滇国也；有泽，水周围二百里，所出深广，下流浅狭，如倒流，故曰滇池。”这两种说法都是从滇池水的源广而流狭解释“滇”字，“滇池”意为池水源流“颠倒”。

2.王先谦《汉书补注》记载：“上林赋文成颠歌，文颖注颠县，其人能作西南夷歌，颠与滇同。然则武帝前滇池县本作颠县，后人因池加水为滇耳。滇池读作颠池，以滇为义。”《说文》：“颠，顶也。言益州各水四面下注于卑地，此县之地与池独居高顶，当不以颠倒为义。”王先谦则考证认为滇池原为“颠池”，是指颠县与颠池地理位置较高而言，“滇池”意为“高地之池”，并非水流颠倒之池。

3.“滇”与“氐”为一音之转，“滇”是氐系民族称呼小平坝、小盆地的汉译字。滇人即氐人，滇因氐而得名。[5] 此说采用了音韵学结合人类学的方法，论点较新颖。

4.滇者“甸”也，是云南民间对坝子的俗称，故名。此说有以今释古的倾向。

5.还有的学者认为“战国后期以前的‘滇池’是在今成都平原。只是由于战国后期蜀部族人的南迁，‘滇池’之名才被带到今云南高原上。”[6] 但这种说法并未得到大多数学者的认可。[7]

6.还有人认为“滇”，为彝语之“鹰”，“滇池”是彝语“滇濮殊罗”之音译，意为“鹰祖之海”。滇民族为鹰崇拜的民族，滇国是彝族祖先建立的。[8] 这种音义相训的孤证，并不足凭，聊备一说。

对于种种不一的解释，方国瑜先生在《滇史论丛》一书中的提法很有指导意义，他认为：“‘滇’字当是土语音译，并不必从字面附会解说……至于‘滇’区域，当初只是一个部落的名称，后来部落联结，用此称号而区域扩大。”[9] 笔者认为，滇是云南古代民族的名称，正如方国瑜先生所说的是土著语言的汉字音译，具体何意已不可考，如果从汉字的音义去解释“滇”字，未免南辕北辙，难中肯綮。聚居在滇池附近的古代民族就是滇族，滇池因滇人而得名。因“滇族”而得名的还有“滇马”“滇僰”等。

滇池区域青铜文化的起源，大多数学者认为是从本地新石器文化延续而来。“滇池区域新石器文化具有浓厚的地方特点，表明它是起源于本地而又有别于云南其他地区新石器文化的一种土著文化。”商周时期，“滇池区域新石器文化便逐渐跨入铜石并用时代而缓慢地向青铜文化发展，晋宁石寨山滇王及其家族墓地直接叠压在当地新石器时代遗址之上，即是难得的地层证据。”[10]

三、滇国是什么样的国

最早把滇称为“国”的人，是司马迁——“滇王离难西南夷，举国降，请置吏入朝……”其后《汉书》中颜师古注释道“应邵曰‘故滇国也’”。我国古代“国家”一词，

《周礼》等古籍中多记作“邦国”。“大曰邦，小曰国”。诸侯称“国”，大夫称“家”。汉后才不称“邦”而用“国家”。在司马迁、应邵等人心目中，滇国不过是汉朝的一个异姓诸侯而已。我们现在称呼“滇国”，是沿用了司马迁的说法，对司马迁“滇国”的概念应该有明确的认识，不要把它与“国家”混为一谈。[11]

滇国的“国”与现代国家的概念差别很大。国家是阶段矛盾不可调和的产物，它的起源和形成是一个极为复杂的社会政治结构的转变过程。对于国家形成的标志，至今学术界仍无统一标准。1994 年，童恩正先生率先引入了“酋邦”的人类学概念，对滇国的社会阶级发展阶段进行了剖析和反思。他指出：“我们可以发现古代滇族的社会形态并非奴隶制国家，而是具有很多‘酋邦’(Chiefdom)特征的一个封闭性的社会。”[12]酋邦是人类社会的一种普遍的历史现象，是原始社会向阶级社会过渡的一个阶段，因而也是人类社会进化的必经阶段。它是由部落社会向早期国家过渡过程中产生的一种特殊的政治体制。今天看来，这种界定比用“奴隶制国家”要更科学。

近年来，谢崇安先生对滇国的社会性质采用新的理论进行了剖析，指出滇国是一个比氏族部落更高一级的多族群共同体，即“方国”，他同时认为“酋邦制社会与方国文明社会当为名异实同”[13]。国外学者对滇国的社会性质、结构也进行过深入的研究，其中以 Magdalene von Dewall 为代表，他通过对滇国出土器物的比较研究后指出，滇国是以石寨山为中心，实行一种“联邦制”的多族群统治。[14]诸侯国也好，酋邦、方国也罢，滇国在滇王受印之前的社会政治形态始终处于一种“前国家形态”向“早期国家”的过渡中。当滇王接受汉王朝赐予的金印后，滇国一跃成为大汉帝国版图中的一员。这种外力干涉使滇国丧失了成为真正意义上的“国家”的可能。滇国既然不是真正的国家，所以也不存在“建国”之说。

滇国虽不是真正意义上的国家，只是一个“酋邦”或“方国”，但它的阶级分化已经十分明显，富者挥金如土，惟富为雄；贫者一无所有，以出卖劳动力为生，有的人甚至被当作货物一样被贩卖到四川、中原当家内奴隶。平民阶层也逐渐形成。从贵族墓葬的丰富随葬品和平民墓葬中少得可怜的陪葬器物比较看，整个滇国社会弥漫着及时行乐的奢靡风气。居官者富及累世，贫困者一无所有。“人俗豪忲、惟富为雄”。贵族们身穿锦衣华服，骑马游猎；平民百姓不得不为生计而奋斗，或为奴仆，或以生命的代价去从事危险性极高的狩猎活动。

滇人骑士形象

四、滇王的国都与领土

现已发掘的滇池及其附近区域的青铜文化遗址主要有：江川李家山、团山、竹园、晋宁石寨山、官渡羊甫头、昆明上马村五台山、大团山、安宁太极山、呈贡石碑村、天子庙、小松山、宜良纱帽山、嵩明凤凰窝、梨花村、澄江黑泥湾、双树营、富民大营、路南板桥、泸西白沙坡、玉溪刺桐关、金砂山、金莲山等，所发掘的滇青铜文化墓葬总量已逾 1000 座，出土器物超过 1 万件。其他诸如曲靖八塔台、横大路、楚雄万家坝、祥云大波那以及东川普车河、昭通营盘、个旧石榴坝、黑玛井、元江洼垤、干坝等遗址等虽与滇池区域距离稍远，但彼此间也表现出很密切的联系。

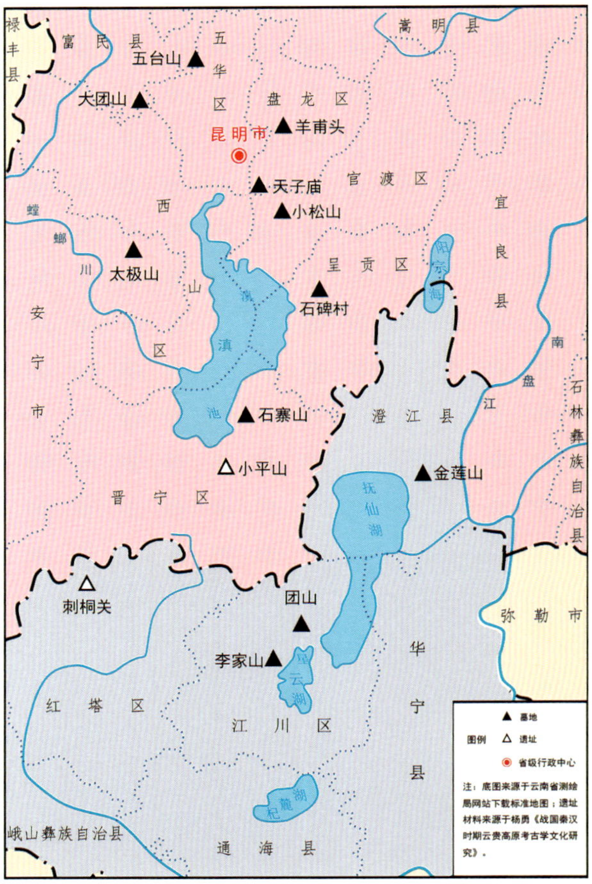

滇池、抚仙湖区域青铜文化分布图

云 S（2018）013 号

《云南晋宁石寨山古墓群发掘报告》认为石寨山作为滇国都城所在地，至少可追溯到汉武帝元封二年（前109年），直至蜀汉建兴三年（225年），改益州郡为建宁郡，首府始移味县，即现在滇东北的曲靖县。[15]有的学者依照《水经·温水注》中“味县，故滇国都也”的记载，结合曲靖珠街八塔台墓地以及出土的“辅汉王印”，通过昭通营盘墓地等发掘情况，认为西汉晚期以后，滇国的都城从滇池区域转移到了味县（曲靖）。[16]石寨山是滇王及其贵族的墓地，滇国的“国都”也不会离石寨山太远，具体何地，尚需更多的考古发现来阐述，把曲靖也视为滇国的国都（西汉晚期以后），不如将之视为与滇王“同姓相扶”的靡莫之属。“辅汉王印”或许释读为“王辅汉印”更准确。

云南省文物考古研究所曾与美国密歇根大学合作对滇池区域进行过考古调查。两国考古专家发现：在晋宁县晋城镇中心，有大型建筑的遗物出露于地面，判断其为汉晋时期的器物。发现地距滇王金印出土地石寨山约5千米，并且与20世纪70年代的古城址卫星图相对比——这里正好处在卫星图上古城址的东北角上。考古专家推测这里可能就是考古界寻找了几十年的古益州郡的郡址。目前考古勘察看来，滇池东南岸就是“滇国”的主要范围。

2011年，云南省文物考古研究所、美国密歇根大学人类学系在《云南文物》发表了《滇池地区聚落遗址2008年调查简报》，据该简报报道，调查发现了益州郡郡治的城墙残迹，而且通过对河泊所——石寨山区域的贝丘遗址的调查，发现河泊所贝丘遗址非常大，距离石寨山墓地很近，这一区域很可能是滇国的政治中心，即滇王统治的中心区域。

滇国的领土有多大？虽然考古发掘已经基本确定了滇青铜文化的分布地域大概在以滇池为中心，“西起楚雄、禄丰，东达曲靖、宣威，北至东川、会泽的金沙江以南一线，东南不过南盘江（即开远、个旧一线），南至新平、元江”[17]，但战国、西汉时期滇王的势力能否完全统治这些地区还有待研究，不能轻易把它们都归入滇国的领土里。有的学者提出滇国领地大致包括今天的昆明市各区县、东川市、曲靖、玉溪大部分，以及红河州、楚雄州和文山州的一部分地区。[18]这只是滇青铜文化的传播范围，说它们都是滇国的领土却未必尽然。反之，滇国的领土应该在这个范围之内。文化的传播往往要超出其政治势力范围。

滇王统辖的范围应主要集中在滇池附近，滇国的领土也不会超出今天昆明市的四区八县（面积约21000平方千米）太远。司马迁记载“滇小邑”，“滇王者，其众数万人”。假设滇王统领的人数为九万人，以昆明市的面积来计算当时的人口密度，每平方千米也不过四人。《汉书·地理志》记载西汉时期“益州郡户八万一千九百四十六，口五十八万四百六十三人。县二十四”。滇王所辖的“数万人”最多占五分之一。《史记》将滇国视为仅次于夜郎的“西南夷第二大国”只是一个相对的概念。

五、滇国统治者的族属

目前学术界最流行的观点是滇人的主体民族是百越的一支。前人已经有详尽的叙述，此不赘言。我们承认滇人带有明显的越文化色彩，但不可否认，滇人还具有氐、羌、濮等多民族的文化色彩。因为云南特殊的地理条件，形成了各民族“大杂居、小聚居”的场面，滇人是一个较大的族群，也是一种泛称，具体到滇王的族属，则要细致考察。陈寅恪先生对民族的划分曾有名言——“民族是以文化分而不是以血缘分”。研究一个古代民族的固定的文化特征，从以下几个方面来考察是相对比较可靠的——葬俗、服饰、发型、语言文字、宗教等，这也是我们考证滇王族属的基本切入点。限于篇幅，我们主要从墓葬方式、文字两点来说明问题。

石寨山是竖穴土坑墓，无腰坑，无膏泥填塞墓室，上无封土，这与楚雄万家坝、呈贡天子庙、官渡羊甫头两地墓葬有所不同，楚雄万家坝、呈贡天子庙、官渡羊甫头是学术界目前公认的带有比较明显的“濮人”墓葬特征的墓地。所以可以说，滇王的墓葬方式与“濮人”差别很大。

1990年，日本学者量满博著文《滇王族的文化背景》[19]，量满博提出第6号墓是一种“石缝间葬”，这种墓葬方式是骑马民族的文化特征，从而引申出滇王族是古羌人南迁的一支的结论。但是根据云南省文物考古研究所的蒋志龙先生的实地考察，石寨山有“石缝间葬”的情况是由石寨山的地质条件决定的，石寨山石多土少，而且土壤层很薄，在安葬的时候只有因地制宜，在山石凹下去的地方寻找墓穴，有时候还要凿穿岩层。这种葬俗与骑马民族的葬俗形式虽然类似，实质却不同。

主流观点认为“滇人”为百越的一支，但都是从两者文化风俗的类似点去考察，而选择性地

江川李家山 M57 发掘现场

遗忘了滇人与越人在文化风俗上的很多不同。举个例子，越人“文身断发”，几乎所有的研究者都以滇人贵族骑士文身的例子表明两者的共性，却忽略了越人“断发”而滇人“椎髻”的事实。这种不完全的对比研究，得出的也只是“可能”的结论。越人的墓葬方式为土墩墓，带腰坑，还有独特的崖墓，这些在石寨山滇王墓葬中都不明显，滇青铜文化中，从墓葬方式上与越人最接近的是曲靖八塔台的土墩墓。

那么滇王到底是什么民族呢？——在滇池、抚仙湖附近聚居的滇人，融汇各族，逐渐形成了自己独特的文化传统，我们实际上已经可以称其为“滇族”。如果一定要将滇王归属于某一种古代民族的话，我们认为，滇王族是生活在滇池区域的一支接受了骑马民族文化影响的稻作民族，

它是本地土著民族中因较早接受外来文化而崛起的一个支系。

滇池、抚仙湖附近从新石器时代开始，就已经不是一种单纯的土著文化，而是一种具有多样性的区域文化，她已经接受了很多外来文化的影响，例如，越文化、商周文化等。在通海，我们发现了鸡形陶壶，这种壶在滇西元谋大墩子遗址中也发现过。鸡形陶壶是越文化的典型产物。在滇池附近的王家墩遗址中，我们发现了有排列整齐的木桩，表明它是木构建筑的下部，还有有肩石斧、有段石锛以及铜锛、铜戈。铜锛似为锻造而成，工艺粗糙。铜戈风格则近似商代风格，遗址的时代推测大概在商周之际。铜戈显然是受到中原文化影响才出现的。

谈及滇王族的族属，还应该深究另一个问题：滇王族的文字系统。文字是文化传承的最重要的载体之一，它包含着一种独立的思想体系，是具有生命力的符号系统，甚至在语言消失后，一些文字还能继续保持着生命力，承担着文化传承的重任。滇王族如果是越人、濮人、氐、羌的话，就应该使用他们各自的文字系统，如鸟虫篆、楚系铭文等，但我们考古发现的事实是，滇王使用了一种极其原始的“图画文字”，这种图画文字的形态在文字发展史上比甲骨文都更古老，自成一体，所以从文字上看滇王族的族属，也是完全独立的“新民族”，是一种全新文化的代表。

六、滇国的消亡

汉置郡县，在一定时期内滇王仍然继续了自己的辉煌，但毕竟“大一统”趋势不可阻挡，有关滇国的记载在滇王受印后就不见踪影，东汉以后，云南青铜时代也随着铁器的普及而结束。

有的研究者根据滇青铜文化墓葬遗址的时间先后顺序对滇王世系进行过推测。“从庄蹻王滇开始，滇国存在约 190 年（前 276—约前 86 年），共七代滇王。第一代滇王为呈贡天子庙 M41 墓主庄蹻，第二代滇王为呈贡天子庙 M33 墓主，第三代滇王为晋宁石寨山 M12 墓主，第四代滇王为晋宁石寨山 M3 墓主，第五代滇王为晋宁石寨山 M13 墓主，第六代滇王为晋宁石寨山 M71 墓主，末代滇王为晋宁石寨山 M6 墓主尝羌。”[20] 这只是按照七个墓葬大概时间先后顺序的一种排列，没有确切的证据表明这些墓葬都是“滇王墓”，更没有任何证据表明他们之间存在“传承关系”。目前，我们可以肯定是滇王墓的仅石寨山 6 号墓而已，更何况，天子庙的葬俗与石寨山不同，它更接近濮人墓葬，与石寨山滇王墓应分属不同的种族。石寨山早在 20 世纪早中期就曾被当地百姓盗掘过多次，仅青铜器就有上百千克的器物被盗卖，加之目前石寨山古墓群也未调查发掘完毕，目前所发掘的面积占墓葬群的面积还不到五分之一，石寨山的北坡是否存在古代墓葬群还是一个未知数。这种种情况的存在，致使石寨山墓葬遗址的文化序列、考古学谱系很难完整地建立起来，所以目前的材料无法支持对滇王世系进行系统的研究与考证。

因为时代明确，而且出土“滇王之印”的缘故，我们可以判断出石寨山 6 号墓不仅是滇王墓，也是末代滇王之墓。假如 6 号墓以后还有“滇王”存在的话，“滇王之印”就不会随葬而是传世了。末代滇王的死亡时间不详，据考证是在前 87 年。因为汉昭帝始元元年（前 86 年），“益州廉头、姑缯；牂牁谈指、同并等二十四邑”，“凡三万余人，皆反”。西汉王朝费时五年才镇压平定，滇国南面的“钩町侯亡波率其邑君长人民击反者”。后钩町侯亡波因镇压叛乱有功，被汉王朝封为钩町王。在这次益州郡人民起义当中，曾经的统治者滇王却不见踪迹，所以估计滇王在前 86 年以前就已经被废黜了。[21]

我们还可以再进一步地细化，末代滇王的死亡时间应该在前 91 年之后。因为司马迁在汉武帝征和二年（前 91 年）给任少卿的信中开列了《史记》全书篇数，可见他已经完稿。司马迁逝世于此后一两年，但他始终没有提到受印滇王生死的问题，而且滇王死后汉王朝赐予了玉衣[22]，这些重要事件《史记》都未曾著录，所以滇王之死应该在司马迁死后，时间范围在前 91 年之后，前 87 年之前。

滇王的统治在西汉晚期后逐渐淡出历史舞台，从考古发掘来看，直到东汉初期，滇人贵族还一度保留了自己的荣华富贵，但毕竟风流已被雨打风吹去，滇人逐渐被汉化或迫于压力向南方迁徙。曾经创造出辉煌的青铜艺术王国的人们就这样消失在历史中，今天从云南民族的芦笙歌舞、铜鼓祭祀、龙舟竞渡等习俗中，我们依稀可见他们远去的身影。

注释：

1. 鼎、簋组合为楚青铜器的一个重要特征，但在滇青铜器中我们很少发现鼎、簋之类，偶有发现者时代也较晚。
2. 杨泓：《汉俑楚风》，载《逝去的风韵——杨泓谈文物》，中华书局，2007年。
3. 张增祺：《从滇文化的发掘看庄蹻王滇的真伪》，载《贵州民族研究》1979年第1期。
4. 朱凤翰：《中国青铜器综论》，上海古籍出版社，2009年。
5. 杨帆：《氐与羌的差别》，载《大理文博》2010年第2期。
6. 周宏伟：《"滇池"本在成都平原考》，载《西南师范大学学报（人文社会科学版）》2005年第5期。
7. 郭声波、鲁延召、许之标：《"成都平原'滇池'说"商榷——从古地理学、考古学角度》，载《西南大学学报（社会科学版）》2009年第1期。
8. 彭先和：《"庄蹻王滇"考辨》，载《昆明大学学报》2012年第1期。
9. 方国瑜：《滇史论丛》，上海人民出版社，1982年。
10. 阚勇：《滇池区域青铜文化渊源初探》，载《云南师范大学学报（哲学社会科学版）》1984年第3期。
11. 滇国、夜郎都属于汉朝的"内臣"，《史记·西南夷列传》记载夜郎、滇称"各自以为一州主，不知汉广大"。西汉早期，中央王朝推行郡国并行制，有利于地方的稳定，汉武帝征西南夷，益州郡的设立与滇王国的继续存在以及滇王的"复长其民"，这些政策的推行是有历史渊源的。
12. 童恩正：《中国西南地区古代的酋邦制度——云南滇青铜文化中所见的实例》，载《中华文化论坛》1994年第1期。
13. 谢崇安：《壮侗语族先民青铜文化艺术研究》，民族出版社，2007年。
14. Magdalene von Dewall. *The Tien Culture of Southwest China*, *Antiquity*, 1967 ,VOL. XLI.
15. 云南省博物馆编：《云南晋宁石寨山古墓群发掘报告》，文物出版社，1959年。
16. 谢崇安：《从环滇池墓区看上古滇族的聚落形态及其社会性质——以昆明羊甫头滇文化墓地为中心》，载《四川文物》2009年第4期。
17. 蒋志龙：《滇国探秘——石寨山文化的新发现》，云南教育出版社，2002年。
18. 张增祺：《滇国与滇文化》，云南美术出版社，1997年。
19. 童满博、杨凌：《滇王族的文化背景》，载《四川文物》1990年第2期。
20. 黄懿陆：《滇国史》，云南人民出版社，2004年。
21. 胡振东：《滇王国的地域及其与西汉王朝的政治关系》，转引自云南省博物馆编《云南省博物馆学术论文集》，云南人民出版社，1989年；蔡葵：《论云南晋宁石寨山第六号墓的史料价值》，转引自四川大学博物馆中国古代铜鼓研究学会编《南方民族考古（第一辑）》，四川大学出版社，1987年。
22. 此玉衣并不完整，大多数学者认为称"玉覆面"更准确。

Introduction

The Dian Kingdom was a great force that succeeded the Yelang Kingdom in the Southwestern Yi (southwest China). Their power and influence spread throughout central and eastern Yunnan Province. The Kingdom appeared no later than the early Warring States period and thrived and was prosperous from the late Warring States period until the Western Han Dynasty. Its power declined from the late Western Han Dynasty, and it was gradually replaced by the county system of the Central Plains Dynasty.

Before the 1950s, people could only read a few words about the ancient Dian Kingdom in the *Shih Chi – A Biography of the Ethnic Minority Groups in Southwest China* written by Sima Qian. The glorious history and splendid culture of the Dian Kingdom was obliterated through the passage of time. Although an imperial seal of the King of Dian had been found in 1956, the magnificent Dian Kingdom was not rediscovered until the Kingdom's royal mausoleum was excavated in 1995 in Shizhaishan, Jinning County. Thereafter, thousands of cultural relics from the Dian Kingdom were unearthed in successive archaeological excavations. Important finds from the Kingdom were discovered in a wide range of sites including the ancient tomb complex in Lijiashan, Jiangchuan District, Yuxi City, and the tomb complex in Yangputou, Guandu District, Kunming City. These brought this ancient Kingdom, which had been forgotten for more than two thousand years, back to life and gradually revealed its true appearance to the world. Dian is the Kingdom of bronze art. The people of the Dian Kingdom used realism and skilful smelting techniques to cast images of their social life into many bronze art masterpieces that take us back through time to understand the prosperity of the ancient Dian Kingdom and explore its classical culture.

前言

∷『滇』是西南夷中仅次于夜郎的大国，势力涵盖今云南省中部及东部地区。它出现的时间至迟不晚于战国初期，战国末至西汉为其全盛时期，西汉晚期走向衰落，逐渐被中原王朝的郡县制所取代。

∷20世纪50年代以前，人们只能在司马迁《史记·西南夷列传》中读到有关古滇国的只言片语，其辉煌的历史和灿烂的文化被漫长的岁月湮没。直到1955年晋宁石寨山滇国王族墓地的发现，1956年『滇王之印』的横空出世，才让古滇王国的光辉重现。之后，玉溪市江川区李家山古墓群、昆明市官渡区羊甫头墓群等多个重要滇文化遗址的陆续考古发掘，出土滇国文物数以万计，这个沉睡了两千多年的古代王国逐渐向世人展露真容。『滇』是青铜艺术的王国。滇人用现实主义的手法、巧夺天工的冶铸技巧，将社会生活的千姿百态熔铸成一件件青铜艺术杰作，引领我们穿越时空，去探寻古滇盛景，触摸古滇之魂。

Part I The Dian Kingdom Rediscovered

Yunnan bronze culture first appeared during the Shang and Zhou Dynasties, prospered in the Warring States Period, reached its peak during the Western Han Dynasty, and gradually declined from the Eastern Han Dynasty onwards. The Dianchi Basin is the largest mountainous basin in Yunnan. With a large water area, abundant fishing, and a flat landscape set in a mild climate where all the seasons resembled springtime, this was a very pleasant habitat. In the late Warring States period, the people of the Dian Kingdom, living on the edge of the Dianchi Lake, thrived and conquered the surrounding land, in the process becoming one of the most powerful forces in the Yunnan Bronze Age.

As mentioned in the *Shih Chi – A Biography of the Ethnic Minority Groups in Southwest China* written by Sima Qian, "At the time of King Wei of Chu, General Zhuang Qiao was dispatched to lead the army to travel along the Yangtze River to capture most of the areas in the west in Bajun, Shujun and Qianzhong Jun. Zhuang Qiao was a descendant of King Zhuang of Chu. After arriving at the Dianchi Lake, Zhuang Qiao found that this area covered a circle whose radius was about 300 Li (Li was a unit of length in ancient times, 1 Li being approximately 415.8 metres) and that it was surrounded by thousands of Li of flat and fertile land. Zhuang Qiao conquered this land with his army and made it become the territory of Chu. He intended to report this event to King Wei of Chu, but at that moment, Qin troops were attacKing Chu and captured many regions including Bajun and Qianzhong Jun, and the roads were blocked. Thence, Zhuang Qiao returned to the Dianchi Lake and became the King of Dian with his military forces, changed the costumes and respected the local customs, and governed this region from that time."

Is Sima Qian's record true? Had the Dian Kingdom ever existed? It was not until 1956 that archaeologists in Yunnan Province found the answer on Shizhaishan in Jinning.

第一部分 古国重光

∷云南青铜文化发轫于商周之际，勃兴于战国，西汉达到鼎盛，东汉逐渐没落。滇池盆地是云南面积最大的一个山间盆地。滇池水域宽广，田渔丰饶，四季如春，周围土地平坦，适宜人居。战国晚期，生活在滇池边的『滇人』崛起称王，成为云南青铜时代最强大的一股势力。

∷《史记·西南夷列传》记载：『楚威王时，使将军庄蹻将兵循江上，略巴、蜀、黔中以西。庄蹻者，故楚庄王苗裔也。蹻至滇池，地方三百里，旁平地肥饶数千里，以兵威定属楚，欲归报，会秦击夺楚、巴，黔中道塞不通。因还，以其众王滇，变服从其俗以长之。』

∷司马迁的记载是真的吗？滇国是否曾经存在过？直到1956年，云南省的考古工作者才在晋宁石寨山上找到了答案。

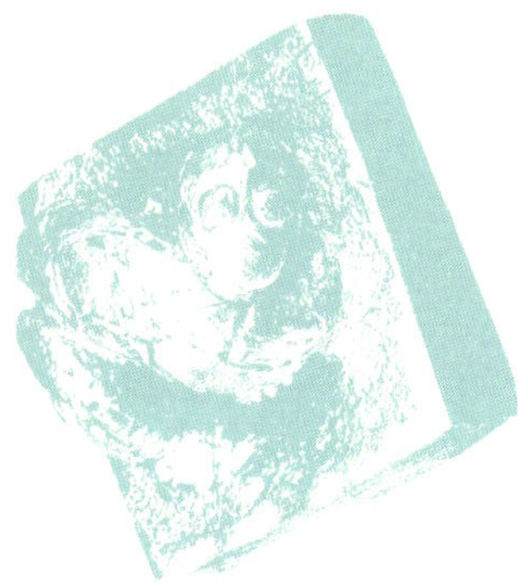

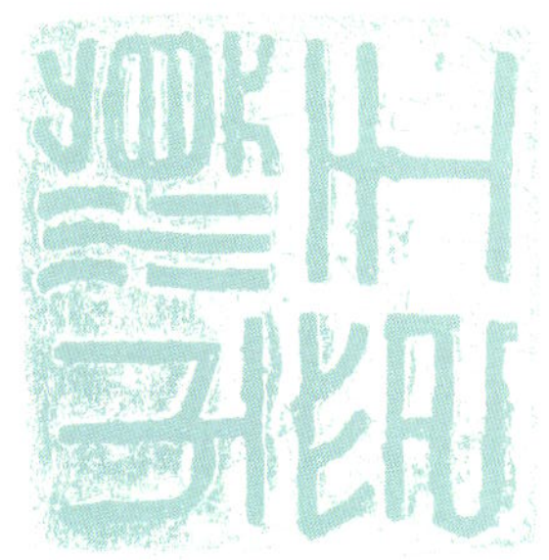

昆明市晋宁区石寨山外景

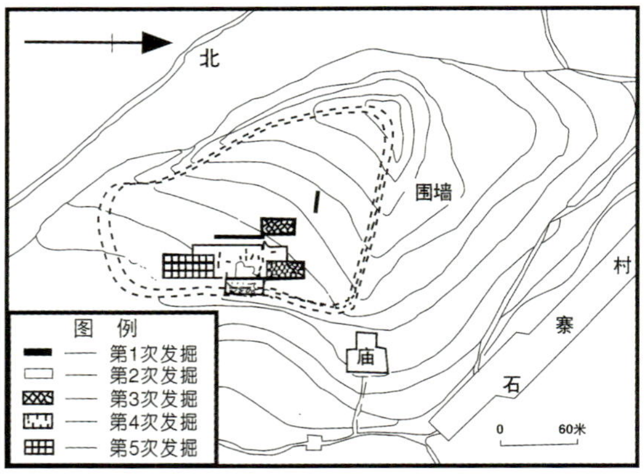

石寨山历次发掘示意图

石寨山墓地位于滇池东南岸的晋宁区上蒜乡，1955—1960 年先后进行过 4 次考古发掘工作，1996 年又进行了第 5 次抢救性考古发掘工作，5 次发掘共清理墓葬 87 座，出土文物 4000 余件（套）。第二次发掘的 M6 中出土的一枚金质蛇钮阴刻篆文的“滇王之印”，与《史记·西南夷列传》中的相关记载相互印证，从而证实了该墓地为滇国王侯贵族的墓地，并由此将石寨山文化与滇文化联系起来。石寨山文化是滇中地区青铜时代的主体文化，是研究战国至秦汉时期云南历史文化的关键。

玉溪市江川区李家山外景

1972 年，云南省博物馆第一次对玉溪市江川区李家山墓地进行发掘，清理了 27 座墓葬，出土文物 1700 余件。其中 M24 出土的牛虎铜案是中国青铜艺术品的杰作，现已成为云南文化的一张名片。1991 年对李家山墓地进行第二次抢救性发掘，共清理墓葬 58 座，出土文物 2200 余件。李家山与石寨山相距仅 40 多千米，墓制、葬式及随葬品种类、形制等与石寨山都很接近，学者推测李家山墓群的主人很可能是滇王的臣属或“同姓相扶”的宗族。

昆明市官渡区羊甫头发掘现场

羊甫头墓地位于云南省昆明市官渡区小板桥镇的大羊甫村，滇池东岸偏北。1998—2001 年，云南省文物考古研究所对该墓地进行了三次发掘，发掘面积 15000 平方米，清理滇文化墓葬多达 811 座。羊甫头墓地出土了大量的陶器，是以往滇青铜文化遗址中罕见的，彩陶以及漆陶的出现填补了滇青铜文化的研究空白，大量的漆木器为研究西汉时期滇人的漆木器制作工艺提供了丰富的材料。

昆明市晋宁区庄蹻雕像

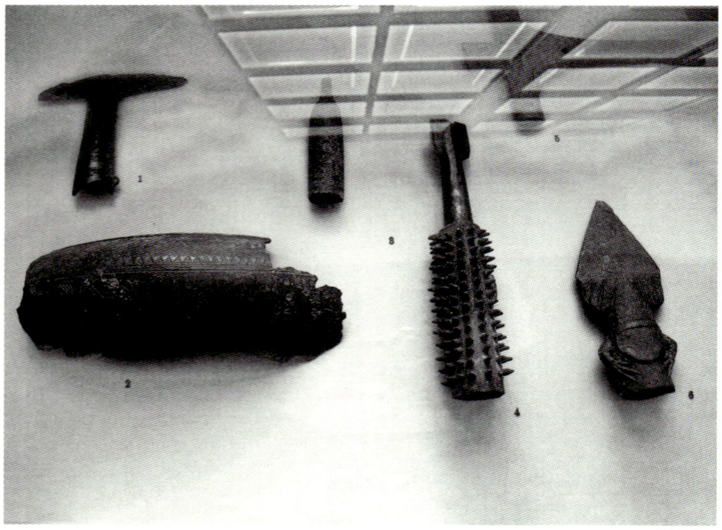

大英博物馆藏部分云南青铜器（此照片由徐政芸女士提供）

壹 庄蹻王滇

有多少风流人物？盗跖庄蹻流誉后，更陈王奋起挥黄钺。歌未竟，东方白。

—— 毛泽东《贺新郎·读史》

汉益州郡滇池县治故址碑

战国晚期，楚人庄蹻率领部队来到云南滇池地区，后因秦国的军队阻断了归途，庄蹻就留了下来，改变服饰，遵照当地习俗，成为了一代滇王。这是《史记》《汉书》等正史所记载的。今日的晋宁街头还矗立着庄蹻的立像。这位楚国的将军真的来到过滇池地区吗？他曾经是一代滇王吗？

战国时期滇中地区青铜文化的快速发展能否归功于庄蹻，目前尚不可知。南朝《爨龙颜碑》记载：“辉耀西岳，霸王郢楚。子文铭德于春秋，班朗绍踪于季叶。”庄蹻自称是楚国令尹子文的后代；清代檀萃《诏史补》也记载“滇濮之蛮，皆熊堪之后”。

早在 20 世纪三四十年代，昆明二纛街的铜器铺中，就有农民贩卖挖到的青铜器，青铜器造型罕见而纹饰精美，可惜没有引起世人的关注，这些青铜器也大多流失海外，日本、法国、瑞典、英国等国均有收藏。直到 1954 年，云南省博物馆工作人员在晋宁石寨山调研时发现了青铜器出土的线索，1955 年开始了对石寨山的第一次试探性发掘，1956 年第二次发掘中，“滇王之印”横空出世，证明了司马迁笔下“滇国”的真实存在。

汉武帝画像

滇王模拟画像

贰 汉征西南

昆明池水汉时功，武帝旌旗在眼中。

织女机丝虚夜月，石鲸鳞甲动秋风。

——唐·杜甫《秋兴八首·之七》

秦开“五尺道”“置吏”，标志着中央王朝对云南的直接统治。汉代西南夷的地位因汉、匈奴之战而变得更加重要。元狩元年（前 122 年），张骞出使大夏归来，向汉武帝报告：“大夏在汉西南，慕中国，患匈奴隔其道，诚通蜀，身毒国道便近，有利无害。”“于是天子乃令王然于、柏始昌、吕越人等，使间出西南夷，指求身毒国”，“至滇，滇王尝羌乃留为求道西十余辈。岁余，皆闭昆明，莫能通身毒国”。

元封二年（前 109 年），“天子发巴蜀兵击灭劳浸、靡莫，以兵临滇”。滇王在汉军大兵压境的情况下，适时投降，因此得到了汉武帝的宠信，得授“滇王之印”，复长其民。

1784 年，日本九州福冈县的甚兵卫掘土时发现了“汉倭奴国王”金印。该印四面边长 2.3 厘米，高 2.2 厘米，蛇钮，重 108 克，阴刻五字篆书。据《后汉书·东夷传》记载，中元二年（57 年），倭奴国奉贡朝贺，光武帝赐以印绶。此印就是东汉光武帝所赐，现被当作“国宝”珍藏于福冈市美术馆。

1956 年，在石寨山 6 号墓的发掘中，《史记·西南夷列传》记载的“滇王之印”横空出世。该印四面边长 2.4 厘米，高 2.7 厘米，金质，蟠蛇钮，重 90 克，阴刻篆文“滇王之印”四字。滇王金印的出土恰似一声钟鸣，唤醒了沉睡两千多年的古滇国。

日本汉倭奴国王印

Gold seal of the Dian King

Western Han Dynasty (206 BC—8 AD)
Height: 2.7cm | side length: 2.4cm
Excavated from the Shizhaishan site in Jinning District, Kunming, Yunnan
Collected by the National Museum of China

滇王之印

:: 西汉（前206—公元8年）
:: 高2.7厘米 :: 边长2.4厘米
:: 云南省昆明市晋宁区石寨山遗址出土
:: 中国国家博物馆藏

◎此印为金质，蛇钮，蛇背鳞纹明显，印钮与印身为分铸后再焊接在一起，印面凿刻篆书『滇王之印』四个字。《史记·西南夷列传》记载，汉武帝元封二年（前109年），滇王降汉，汉王朝赐滇王王印，使其继续统领滇民。金印正是这一史实的明证。根据汉代印信制度，诸侯王印无蛇钮之制，传世的四夷王侯（即外臣王）及邑长之类的印章有做蛇钮者，但为数极少。可见西汉时滇王的身份比较特殊，与一般内臣诸侯王和外臣四夷王均有所不同。另外，汉代诸侯王印及文职官印，其印文都是铸成的，只有部分军职官印才有凿文者，那是因为急于封拜之用。滇王金印乃凿制而非铸文，疑为西汉王朝仓促间制成此印，用于封赐降汉之滇王。金印的发现对确定晋宁石寨山墓地的性质、时代，以及墓主身份等是十分关键的实物资料。

滇王玉衣

:: 西汉（前206—公元8年）
:: 平铺宽度59厘米 :: 长74.5厘米
:: 云南省昆明市晋宁区石寨山遗址出土
:: 云南省博物馆藏

◎ 6号墓出土的『滇王玉衣』由166片玉片构成，其中包括69片规整的边角地带有穿孔的玉片，97片未穿孔玉胚片，仅覆盖了人的脸、前胸部位，或称『玉覆面』。穿孔片中未发现金丝痕迹，大概是用丝线、麻线等穿缀而成。玉衣随葬是中原习俗，汉代的人们相信『玉能寒尸』，『金玉在九窍，则死者为之不朽』。玉衣随葬有等级区分：皇帝使用金缕；诸侯王、列侯、始封贵人、公主用银缕；大贵人、长公主用铜缕。滇王用此葬礼，表现了汉王朝与滇国的密切关系及滇王对汉文化的认同。

The Dian King's jade clothes

Western Han Dynasty (206 BC—8 AD)
Plate width: 59cm | length: 74.5cm
Excavated from the Shizhaishan site in Jinning District, Kunming, Yunnan
Collected by the Yunnan Provincial Museum

石寨山6号墓发掘现场

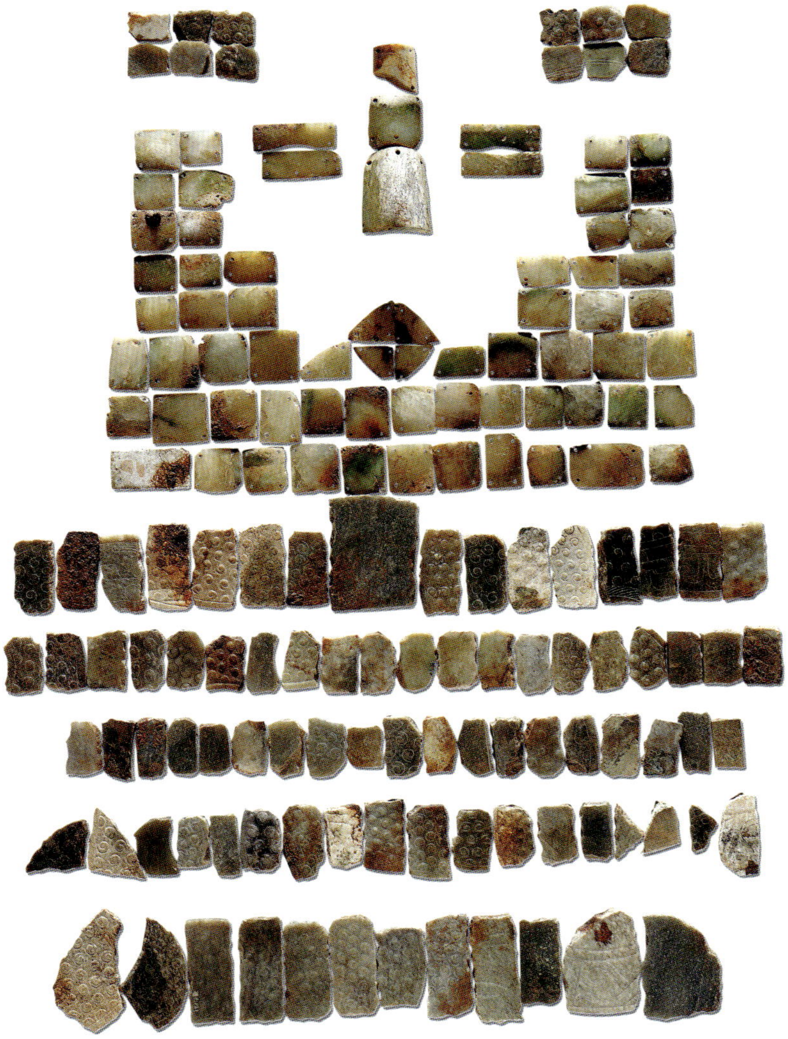

贡纳场面铜贮贝器上的不同民族形象

西南夷民族众多，司马迁把他们划为三类：第一类是位于今黔西、滇东、川西南地区的夜郎，滇中地区的滇以及四川西昌为中心的邛都，“皆椎结，耕田，有邑聚”；第二类为活动在今云南保山以东、北至大理一带的巂、昆明，“皆编发，随畜迁徙，毋常处，毋君长，地方可数千里”；第三类是分布在川西广大地区乃至甘肃南部的徙、筰都、冉駹、白马等部，“其俗或土著，或迁徙”。

滇人是由多个民族融合而成，“滇”是土著语言的汉字音译。聚居在滇池附近的古代民族就是滇人，滇池因滇人而得名。因“滇”而得名的还有“滇马”“滇僰”等。

剑川海门口鸟瞰（云南省文物考古研究所闵锐提供）

云南青铜时代的来临

云南是一个高原山区省份，全省地势由西北向东南呈阶梯状逐级下降，海拔高低相差极大，地貌类型多样，气候类型复杂。山区、半山区占据了主要面积，坝子（平原）面积仅占6%，众多的湖泊像一颗颗宝石散布其中。

剑川海门口第三次发掘现场（云南省文物考古研究所闵锐提供）

滇池盆地是云南高原上面积最大的一个山间盆地。滇池水域宽广，环湖各地气候状况四季如春，年温差小，夏无酷署，冬无严寒，适宜人居。滇池周围土地平坦，田渔丰饶。战国至西汉时期，生活在滇国这个民族大家庭中的，除本地土著之外，还有来自西北草原地区的游牧民族、东南沿海的百越民族……甚至一些“高鼻深目”的外国人士也不远万里地来到了滇池湖畔。多民族的汇集造就了滇国青铜文化丰富多彩的内涵。

云南青铜时代的起源至今仍是一个未解之谜。1957 年发掘的剑川海门口遗址是我们发现最早的云南青铜文化遗址。其年代为前 12 世纪末左右。海门口遗址位于剑川县甸南镇海口村，1957 年 4 月，云南省博物馆进行了清理发掘，出土的文物中有石器、陶器等物，最引人注目的是遗址中出土了14件铜器，有铜斧、铜钺等以及用来制铜斧的陶范。据C14测定，遗址年代相当于我国的商周之际。

2008年，云南省文物考古研究所对海门口遗址进行了第三次发掘，揭示遗址超过5万平方米，并有庞大的干栏式建筑群体遗存。该遗址年代大致可分为三期。第一期属新石器时代晚期，年代大致为距今5300—3900年。第二期和第三期伴出铜器，分别属铜器时代的早期和中期，第二期的年代大致为距今3800—3200年，第三期的年代大致为距今3100—2500年。海门口三次发掘出土铜器共44件，以锡青铜为主，还有铅青铜，也有少量红铜器，同时还出土了铜渣、铜料、石范等。据研究，该遗址发现的铜器最早约距今3800年左右。这是经科学发掘的云南青铜文明的重要发源地之一。

2016年、2017年云南省文物考古研究所和四川大学历史文化学院考古系合作开展了海门口遗址第四次、第五次考古发掘。两次发掘共清理墓葬27座、房址8座、灰坑122个、灰沟30条、灶2个、垃圾堆4个、火堆2个、路1条，对复原剑川海门口古代社会生活状况提供了新的资料。

在滇池附近的王家墩遗址中，我们发现了有排列整齐的木桩，表明它是木构建筑的下部，还有有肩石斧、有段石锛以及两件铜锛、铜戈。铜锛似为锻造而成，工艺粗糙。铜戈风格则近似商代风格。遗址的时代大概在商周之际，与海门口遗址相近。这两个遗址的发现为我们探索云南青铜文化的起源提供了重要的线索。另根据铅同位素考古的发现，早在商周时期滇东北地区的铜矿已被开采并运送到中原地区，成为商周青铜矿料的重要来源之一。

近年来，鲁甸野石山、耿马石佛洞、大理银梭岛、龙陵大花石等早期青铜时代遗址的发掘，为云南青铜文明的起源提供了新的、科学的证据。云南青铜文明的诞生不是一元而是多元的，云南特殊的历史地理因素、特殊的民族文化色彩注定了它“满天星斗”式的格局，它的发展进程也呈现出不同的范式。

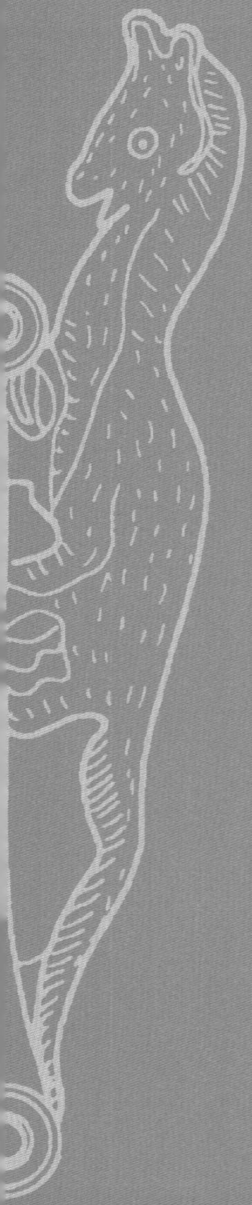

Part II Cultural Aspects of the Dian Kingdom

The golden period of the development of Yunnan bronze culture is from the end of the Warring States period to the beginning of the Eastern Han Dynasty. In the Dian Kingdom, bronze wares occupied the most important position in their society. Their wares were characterised by a variety of shapes and of varied and colourful splendour. Unlike the stylization and abstraction of bronzes from the Central Plains which were used for sacrificial ceremonies during the Shang and Zhou Dynasties, the people of the Dian Kingdom used realism and skilful smelting techniques to cast representations of their social life into many bronze art masterpieces. Dian bronzes absorbed the essence of many cultures: a rare and unique example of assimilation in the history of bronze art. As three-dimensional pictures made of the bronze, these masterpieces are like living languages and vivid texts and have created a true history that no historiographer can challenge.

第二部分 青铜铸史

日出而作，日入而息。
凿井而饮，耕田而食。
帝力于我何有哉！

——先秦·古逸歌谣《击壤歌》

∷战国末至东汉初是云南青铜文化发展的高峰期。以『滇国』青铜文化为代表，青铜器在社会中占据了最重要的地位，形态万千，异彩纷呈。不同于商周中原青铜器崇神、重礼的程式化、符号化，滇人在充分汲取多种文化精华的基础上，用现实主义的手法、巧夺天工的冶铸技巧，将社会生活的千姿百态熔铸成一件件青铜艺术杰作，堪称世界青铜艺术史上罕见的、不可复制的个案。它们恰似一幅幅青铜铸就的立体画卷，是更鲜活的语言、更生动的文字，是任何史学家都无法修撰的滇国信史。

农业是滇国经济的基础。在滇池区域新石器时代遗址出土的一些陶器底部就附着着稻粒、稻壳的痕迹，经鉴定属于粳稻。滇人对稻作很重视，春耕时的『籍田礼』由贵族妇女亲自主持，甚至还要杀人祭祀，秋收时专门组织人手贮存粮食。『上仓图』展现的就是滇人妇女秋收后将稻谷转运到谷仓的场面。冯汉骥先生誉之为『此为禾稼收获后上仓的最生动的图景』。他认为『上仓图』描绘的是一种实际情况，但也可能带有仪式的性质，是为了表示贮贝器主人粮食的丰富。

放牧上仓铜贮贝器

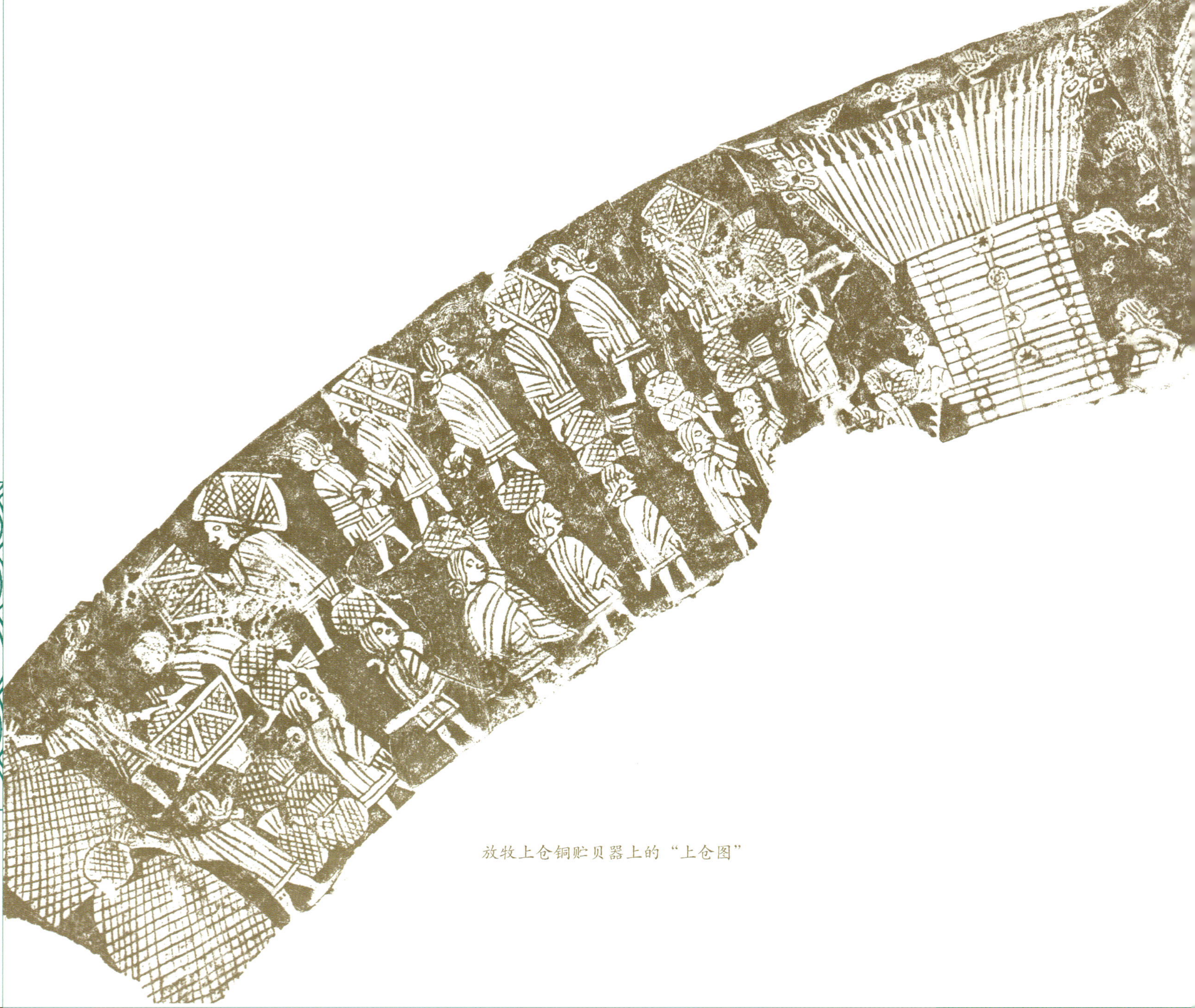

放牧上仓铜贮贝器上的“上仓图”

壹 率土之滨

滇人多滨水而居，住在干栏式建筑中，干栏式建筑分为两层，人居上层，下层用来豢养牛羊。离地而居不仅可以避免因潮湿诱发疾病，同时还可以避免野兽的侵害。干栏式建筑在中国南方热带、亚热带气候地区很普及，早在新石器时代，云南的干栏式建筑就已经非常成熟完善。在一些高海拔地区还有井干式房屋，井干式建筑以木条交叉叠砌而成，既御寒、防震，又耐用。

诅盟场面铜贮贝器

:: 西汉（前206—公元8年）

:: 高53厘米 :: 盖径32厘米

:: 云南省昆明市晋宁区石寨山遗址出土中

:: 中国国家博物馆藏

◎器身为圆筒形，腰微束，两侧有对称的虎形耳，底部有三只兽爪形足。盖上雕铸一间干栏式房屋及各种动态的人物127个（残缺者未计入）。房屋建筑主要由平台和屋顶两部分组成：平台底部有小柱承之，顶部分上、下两层，上层呈人字形，下层四面出檐，平台前后各置一个梯与地面连接。平台上一位妇女垂足坐于高凳上，似为主祭人，其周围放置16面铜鼓。妇女的左前方及右侧都是参与祭祀者，面前摆放着各种祭品。平台左右侧为另两组人物活动场面：有持刀的屠夫，有喂猪、喂孔雀的妇女，还有虎、犬等动物。平台下有从事杂役者若干人：有击打铜鼓和錞于者，有待刑的裸体男子，有持器盛物的妇女，等等。

◎这件器物表现了滇国祭祀典礼场面。凡有大事，滇人必设立祭坛，供奉祭品，举行盛大典礼。古书记载：『官常以诅盟要之。』冯汉骥先生认为此器表现的内容是滇国的『诅盟』仪式，故名之。

Bronze cowrie container decorated with figures of a sacrificial scene

Western Han Dynasty (206 BC—8 AD)

Height: 53cm | cover diameter: 32cm

Excavated from the Shizhaishan site in Jinning District, Kunming, Yunnan

Collected by the National Museum of China

房屋模型铜扣饰

:: 西汉（前206—公元8年）
:: 高9.1厘米 :: 宽13厘米 :: 深7.4厘米
:: 云南省昆明市晋宁区石寨山遗址出土
:: 云南省博物馆藏

◎ 滇国墓地出土的铜房屋模型十分完整，许多细部结构都很清楚，是当时滇国建筑的真实反映。这件房屋模型是干栏式与井干式相结合的歇山式大屋顶建筑形式。由巨木做柱构成上、下两层的平台，设有栏杆和栏板。平台后部的中央是一座井干式房屋，屋壁上多道横线表示由枋木叠架而成。屋内正面开窗，可见一人。屋与台面形成回廊。回廊上有26个人，或制作食品、或吹笙、或闲坐、或倚栏而立。在屋宇右侧置铜鼓等物。栏板上置牛头、猪和牛腿等。台下的3人正在炊煮食物。整个场面似与农业祭祀活动有关。

Bronze model of a house

Western Han Dynasty (206 BC—8 AD)
Height: 9.1cm | width: 13cm | depth: 7.4cm
Excavated from the Shizhaishan site in Jinning District, Kunming, Yunnan
Collected by the Yunnan Provincial Museum

房屋模型铜扣饰

∷西汉（前206—公元8年）

∷高11.2厘米∷宽17厘米∷深10.5厘米

∷云南省昆明市晋宁区石寨山遗址出土

∷云南省博物馆藏

◎此房屋模型表现的是一组干栏式和井干式相结合的礼仪建筑及祭祀活动。背面铸有榫扣。建筑为长脊短檐人字形两面坡屋宇5座（其中1座仅剩柱脚）。正中主室为井干式建筑，围以柱架平台，钩栏与其余建筑相连。中庭檐前立一牌，下段雕刻阶梯5级，双行，上段无梯级。右侧另有板柱构筑的斜坡由地面升至平台。主室正中开窗，中露女人头部，可见其颈后长髻。前堂及其余建筑平台、钩栏及前庭，计有人物28个，做跪坐、持物、宴饮、吹奏、舞蹈等状。在主室窗右侧，端正跪坐一男一女。左侧设一组，上置一牛肩胛骨。俎后坐一人，右手持笔状工具着于牛肩胛骨正面。案前跪伏一人，面对牛肩胛骨。主室右侧柱后立一对拥抱男女，下体裸露。庭前柱间缚两牛、两马，另有三猪、一犬、一鼠等动物散处。此干栏式建筑组群，布局、结构和用材等方面都比较合理，而且装饰华丽，功能齐全，很有可能是当时滇王或滇国贵族的住所或议事厅的再现，其表现内容当与宗教祭祀活动有关。

Bronze model of a house

Western Han Dynasty (206 BC—8 AD)
Height: 11.2cm | width: 17cm | depth: 10.5cm
Excavated from the Shizhaishan site in Jinning District, Kunming, Yunnan
Collected by the Yunnan Provincial Museum

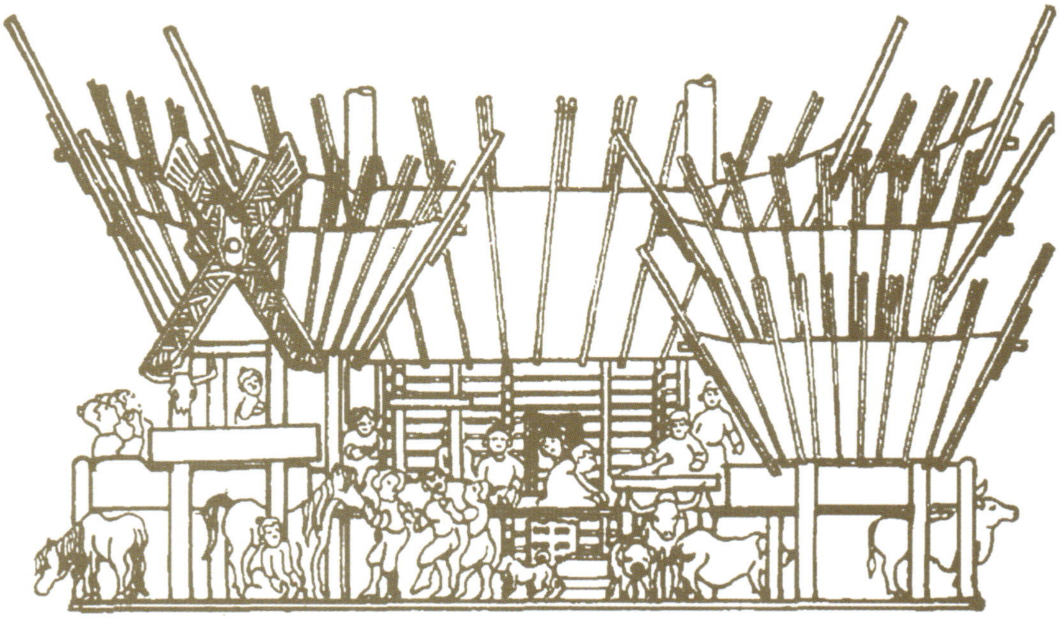

房屋模型铜扣饰

∷西汉（前206—公元8年）
∷高11.5厘米∷宽12.5厘米
∷云南省昆明市晋宁区石寨山遗址出土
∷云南省博物馆藏

◎此房屋模型整体为干栏式建筑，但二楼中间为单井干式楼室，人物17人。博风板、山墙上部（山尖）壁板、钩阑华板、柱头等部位雕满云纹、雷纹、勾连纹和对称卷云纹等图案。钩阑蜀柱粗壮硕大，略做上大下小之制，柱头一周雕饰弦纹、绳纹和三角回纹，配合满布华板的雷纹雕饰，使整个钩阑平座更显庄重。钩阑之盆唇高达站立堂上人物肩腋，盆唇之上，顺序排列一牛头、一整肢牛前腿、一整块牛肋和一整只牛后腿。房屋正前方有一上宽下窄的板子，或称为『陛板』，中段剔地起突，以雷纹做底纹，透雕一蛇蜿蜒上行，蛇口衔一鱼，鱼头没入蛇口，鱼身尾在外。陛板上段雕雷纹接对称卷云纹，高出于屋檐之上。此模型出土于石寨山6号墓，其表现的人物活动当与滇王有关，具有重要的研究价值。

Bronze model of a house

Western Han Dynasty (206 BC—8 AD)
Height: 11.5cm | width: 12.5cm
Excavated from the Shizhaishan site in Jinning District, Kunming, Yunnan
Collected by the Yunnan Provincial Museum

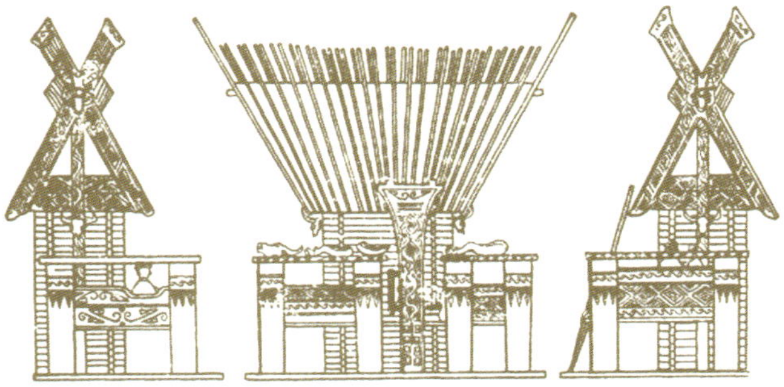

现代西双版纳的干栏式建筑

“上仓图”中的井干式房屋

西周、春秋时期，中原地区已经非常重视春耕、中耕和秋收，适时都要举行相应的仪式。『籍田图』的青铜器图像详细地向我们描述了两千多年前古滇人的一次『籍田』活动——春播时节，滇国贵族妇女乘坐由四名精壮男子所抬的肩舆，前呼后拥地向田地进发，奴仆们手执点种棒、头顶种筐，有的拿着铜锄跟随，地面是半人高的獒犬和小巧的猎犬在追逐，天空翱翔着鹭鸶、燕子，在经过残酷的杀人以血衅鼓的祭祀之后，贵妇就亲执铜锄，向田亩挖下今春的第一锄，祈求年成丰稔……

宴乐籍田铜贮贝器

宴乐籍田铜贮贝器上的“籍田图”

滇人以种植稻谷为主，锄耕农业为主要生产方式。妇女是农业劳动的主力。春播时，她们头顶种子筐，肩荷铜锄下地劳作；秋收季节也是她们将收获的粮食收割、运送到粮仓。农作之余还要进行纺织工作。男子主要从事狩猎、放牧等。滇国出土的青铜农具包括锄、锸、爪镰、耙、铲等，数量众多，工艺精湛。在滇国，青铜农具并非简单的实用器，它多数被王侯贵族所拥有，是权力、财富、地位的象征，也是礼器与实用器的合一。

籍田祭祀场面铜贮贝器

::西汉（前206—公元8年）

::通高40厘米::器身高23.8厘米::盖径33.3厘米::足围101厘米

::云南省玉溪市江川区李家山遗址出土

::云南李家山青铜器博物馆藏

◎贮贝器是用来贮藏海贝的青铜容器，它是滇青铜文化的独特产物，是滇国王侯贵族身份与地位的象征。该器物器身为铜鼓形，上部无面开口加一盖子，胴、腰间有四个绳纹耳，足部外侈，底有三足。胴、腰部分别饰有羽人划船纹、舞蹈纹、弦纹、三角齿纹及同心圆纹等。顶部圆片状盖子上铸有35个人和2匹马。中央有一立柱，柱顶略粗做盘状，柱底做铜鼓形。柱侧有一乘四人抬的肩舆（轿子），舆内坐着一个通体鎏金的女人，身后有人执伞，舆前有骑士开道，两侧有侍从跟随。另有环绕立柱的还有扛铲者、顶物者、背袋者、持棒者、抱罐者、抻布者、跪坐者等。

◎此盖图像布局疏密有致，人物形态生动逼真，主题寓意突出，表现的是在贵妇人主持下即将举行一次与农业有关的祭祀和利用祭祀时机进行赶集贸易活动的场面。

Bronze cowrie container decorated with figures of a sacrificial scene

Western Han Dynasty (206 BC—8 AD)

General height: 40cm | body height: 23.8cm | cover diameter: 33.3cm | full girth: 101cm

Excavated from the Lijiashan site in Jiangchuan District, Yuxi, Yunnan

Collected by the Yunnan Lijiashan Bronze Museum

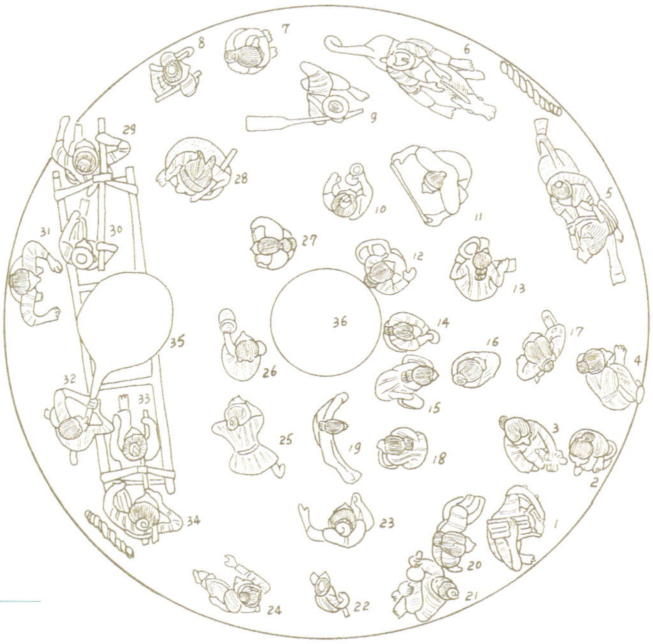
1
2
3
4
5
6
7
8
9
10
11
12
13
14
15
16
17
18
19
20
21
22
23
24
25
26
27
28
29
30
31
32
33
34
35
36

叠鼓形狩猎场面铜贮贝器

:: 西汉（前206—公元8年）
:: 通高65厘米 :: 盖径29厘米 :: 底径48厘米
:: 云南省昆明市晋宁区石寨山遗址出土
:: 云南省博物馆藏

◎ 贮贝器是由两鼓上下重叠焊铸而成，上鼓器盖单独制作，下鼓焊铸一底，以活扣与鼓身相连。该器上鼓足部焊铸四头卧鹿，下鼓足部焊铸四头卧牛，胴与腰部之间有四个绳纹耳。器盖上铸有立体狩猎场面：三人身背长剑，其中两人骑马，左手握缰，右手持兵器，策马共同追杀一头奔跑中的鹿，有一人通体鎏金，另一人站立于器盖中央，双手执长兵器（已残），欲猎杀另一头鹿。此人前后各有一犬，做欲扑向两鹿状。两骑士马下还分别有一兔一狐。

◎ 两个鼓身均布满阴刻线纹图案。上鼓胴部刻11只展翅同向飞翔的犀鸟；腰部为狩猎图，分四部分，分别描述了猎人手持长矛，捕猎野猪和鹿的场面；足部为各种动物相互争斗的情景，由阔叶植物纹间隔为四组；下鼓部由7只飞翔的凤组成；腰部描绘了各种动物和植物，亦分为四部分，其中有虎牛相斗、虎猪嘶咬及鹿、鹰等。

◎ 在现今出土的滇国文物中，这是唯一一件表现狩猎场面的叠鼓形贮贝器，而且器盖上的圆雕场面和鼓身上的阴刻图案相互呼应。无论是器物的造型还是图案的组合与布局，以及纹饰的雕刻工艺，都显得相当成熟，表明在西汉中期，石寨山文化青铜器的铸造和线刻工艺达到了相当高的水平。该器对贮贝器、滇国的人群构成、生态及动物群的研究具有重要意义，该器线刻纹饰中出现了人物装扮的类似狮子的形象和长象牙的动物、牦牛等，为滇国的对外文化交流提供了新的证据。

Bronze cowrie container decorated with a hunting design

Western Han Dynasty (206 BC—8 AD)
General height: 65cm | cover diameter: 29cm | bottom diameter: 48cm
Excavated from the Shizhaishan site in Jinning District, Kunming, Yunnan
Collected by the Yunnan Provincial Museum

骑士猎鹿铜扣饰

:: 西汉（前206—公元8年）
:: 通长23.9厘米 :: 高14.4厘米
:: 云南省玉溪市江川区李家山遗址出土
:: 云南李家山青铜器博物馆藏

◎这件扣饰的造型为一骑士策马猎鹿。骑士身着无领对襟短袖长衣，头裹帕，其上有两块片状饰物，束腰带，光脚，左手控缰，身稍后倾，右手持矛刺鹿，臂佩突沿镯。马长鬃，尾上扬，前右侧一鹿昂首狂奔，张口嘶叫。马、鹿足下两条蛇相交如绳，一蛇咬马尾，一蛇咬鹿前足，背有一「L」形扣。

Bronze buckle decorated with a man hunting a deer

Western Han Dynasty (206 BC—8 AD)
General length: 23.9cm | height: 14.4cm
Excavated from the Lijiashan site in Jiangchuan District, Yuxi, Yunnan
Collected by the Yunnan Lijiashan Bronze Museum

二人猎猪铜扣饰

∷战国（前475—前221年）

∷长12.3厘米∷宽6.5厘米

∷云南省玉溪市江川区李家山遗址出土

∷云南省博物馆藏

◎该扣饰表现的是两个猎手猎野猪的场面：一猎手被野猪咬住腰部，即将倒地，另外一个猎手手执剑，猛刺野猪后胯，一只猎犬咬住野猪后腰部，另一只猎犬做惊恐逃遁状；下部有一条蛇，口咬猎犬之前腿，尾绕野猪之后腿。两猎者均梳高髻于头顶，佩戴大耳环和多道镯箍于手臂，身着长衫及膝，腰系带，膝下系饰带，跣足。

Bronze buckle decorated with two men hunting a boar

Warring States Period (475 BC—221 BC)

Length: 12.3cm | width: 6.5cm

Excavated from the Lijiashan site in Jiangchuan District, Yuxi, Yunnan

Collected by the Yunnan Provincial Museum

牧牛铜器盖

::西汉（前206—公元8年）
::高9厘米::直径11厘米
::云南省昆明市晋宁区石寨山遗址出土
::云南省博物馆藏

◎器盖呈圆锥形，器盖顶端坐一牧童，手扶着赶牛杖，将其靠在肩上，神色悠闲。牧童周围围绕三头牛，做卧姿状。整体看，器盖好似一座小山，牧童坐在山顶休憩，看着坐在半山腰的牛。滇人在如此小巧的器物上铸出如此多的圆雕形象，构成一幅完整和谐的图景，让人不得不佩服其高超的技艺以及细腻的审美情趣。

Bronze lid decorated with a cowherd and cattle

Western Han Dynasty (206 BC—8 AD)
Height: 9cm | diameter: 11cm
Excavated from the Shizhaishan site in Jinning District, Kunming, Yunnan
Collected by the Yunnan Provincial Museum

贮贝器上的“放牧图”

尖叶形雉鸡纹铜锄

::西汉（前206—公元8年）
::长21.7厘米::宽20厘米
::云南省昆明市晋宁区石寨山遗址出土
::云南省博物馆藏

铜锄是滇国居民常用的农具，器形与用途和中原地区的镢头相似，但銎部结构不同，为曲柄装置，多用带叉丫的树枝略做加工而成。此类青铜工具根据其器形变化，大致分为尖叶形、半圆形、梯形、六边形、曲刃形和阔叶形等，其中最常见的就是这种尖叶形铜锄，石寨山和李家山等滇文化墓地均有出土。这件铜锄的整体似一片前尖后圆的树叶，肩部呈椭圆状，銎部为三角形，凸起于锄身正中；銎部饰弦纹及云纹，銎两侧各有一线刻的雉鸡，尾上扬做散开状。该器物可能是祭器或随葬用的明器。

Leaf-shaped bronze hoe decorated with the design of a peacock

Western Han Dynasty (206 BC—8 AD)
Length: 21.7cm | width: 20cm
Excavated from the Shizhaishan site in Jinning District, Kunming, Yunnan
Collected by the Yunnan Provincial Museum

梯形铜锄

::西汉（前206—公元8年）

::长20厘米::宽21.6厘米

::云南省玉溪市江川区李家山遗址出土

::云南李家山青铜器博物馆藏

◎铜锄略呈梯形，前端平直，銎断面呈梯形，锄身两侧呈三级阶梯状向上内收。銎部饰刻线和小乳钉组成的雷纹，近口处有弦纹三道，表面镀锡。该器出自大型墓内，应属礼仪器，可能是在播种、『籍田』等祭祀仪式中使用。

Trapezoid-shaped bronze hoe

Western Han Dynasty (206 BC—8 AD)

Length: 20cm | width: 21.6cm

Excavated from the Lijiashan site in Jiangchuan District, Yuxi, Yunnan

Collected by the Yunnan Lijiashan Bronze Museum

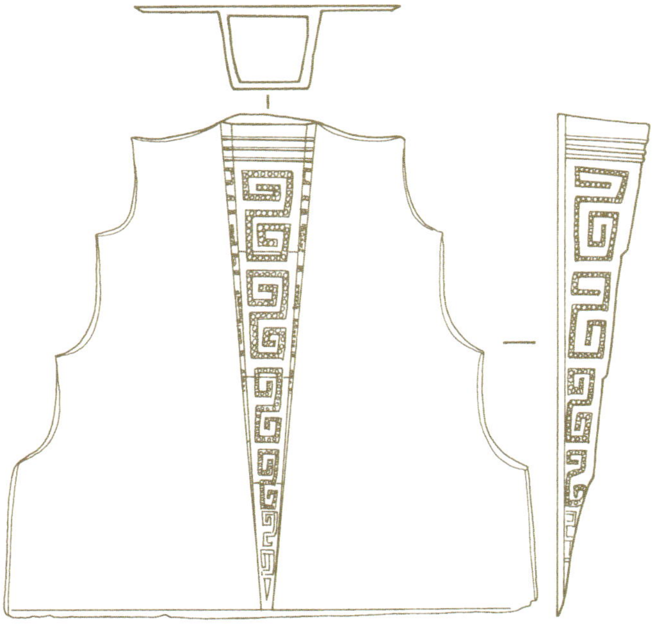

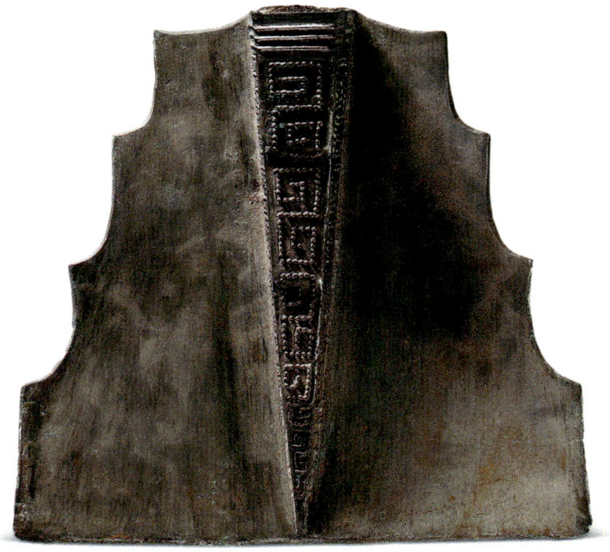

阔叶形孔雀纹牛头纹铜锄

:: 西汉（前206—公元8年）
:: 长21.7厘米 :: 宽20厘米
:: 云南省昆明市晋宁区石寨山遗址出土
:: 云南省博物馆藏

◎铜锄呈阔叶形，刃部齐平，肩部呈椭圆状，銎部为三角形，凸起于锄身正中；銎部饰水波纹、弦纹及云纹，銎两侧各有一线刻的孔雀和牛头。这件器物可能是为某种农业祭祀仪式特制的，或者是专为滇国统治者随葬用的明器。

Leaf-shaped bronze hoe decorated with the design of a peacock and an ox head

Western Han Dynasty (206 BC—8 AD)
Length: 21.7cm | width: 20cm
Excavated from the Shizhaishan site in Jinning District, Kunming, Yunnan
Collected by the Yunnan Provincial Museum

曲刃铜锄

:: 西汉（前206—公元8年）

:: 长24.2厘米 :: 宽15.5厘米

:: 云南省玉溪市江川区李家山遗址出土

:: 云南李家山青铜器博物馆藏

铜锄的锄叶为薄板，正面中线上段隆起銎，形如阔叶，前锋呈锐角，上端两侧呈圆肩下斜，锄身两侧波状弯曲，下段稍向上翘，銎断面呈三角形，三面各有一个钉孔，正面铸有蝉形纹饰，停立鸣叫，形态生动。近口处有凸弦纹。这种曲刃形铜锄当属礼仪器，在播种、『籍田』等祭祀仪式时使用。

Bronze draw hoe with abstract decoration

Western Han Dynasty (206 BC—8 AD)

Length: 24.2cm | width: 15.5cm

Excavated from the Lijiashan site in Jiangchuan District, Yuxi, Yunnan

Collected by the Yunnan Lijiashan Bronze Museum

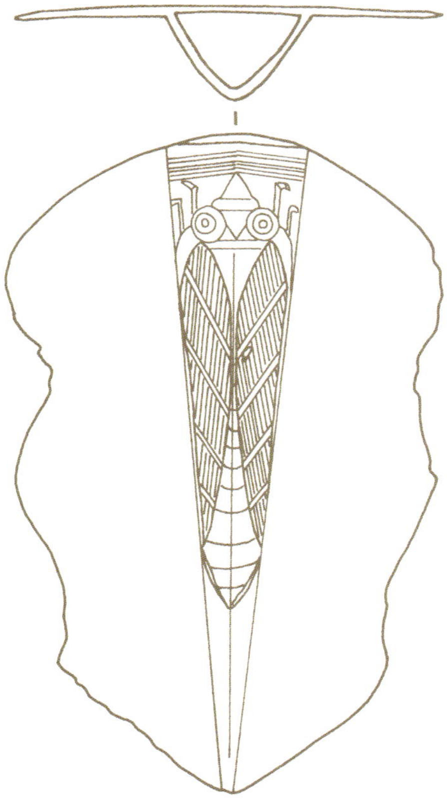

镀锡叶脉纹铜铲

::西汉（前206—公元8年）
::长21.7厘米::宽20厘米
::云南省昆明市晋宁区石寨山遗址出土
::云南省博物馆藏

◎整体形状近似长方形，銎孔三角形，銎凸起于铲叶中央，中脊至前段分为两股，直达铲口左右两角，刃部内凹，銎的三面都有钉孔。

Bronze spade

Western Han Dynasty (206 BC—8 AD)
Length: 21.7cm | width: 20cm
Excavated from the Shizhaishan site in Jinning District, Kunming, Yunnan
Collected by the Yunnan Provincial Museum

镂空卷刃铜锄

:: 西汉（前206—公元8年）
:: 长22.8厘米 :: 刃宽4.8厘米
:: 云南省玉溪市江川区李家山遗址出土
:: 云南李家山青铜器博物馆藏

◎镂孔铜锄整体为长方形半圆筒状，弧形肩，方形銎口，锄体为排列整齐、密集的菱形镂孔。此类器物大都出自大型墓内，与其他农具一起放置在棺下，有的学者认为其应属礼仪器；有学者认为可能是在水田中使用的农具；也有称其为『捞螺器』，是在河沟中捞螺蛳、蚌壳时使用的工具。其通体镂空，形制与中原习见的『炭铲』颇为相似。

Bronze hoe with reticulation

Western Han Dynasty (206 BC—8 AD)
Length: 22.8cm | blade width: 4.8cm
Excavated from the Lijiashan site in Jiangchuan District, Yuxi, Yunnan
Collected by the Yunnan Lijiashan Bronze Museum

漆木柄铜镰刀

::西汉（前206—公元8年）
::通长172厘米
::云南省昆明市官渡区羊甫头遗址出土
::云南省博物馆藏

◎铜镰形似鸟头，残木柄上饰有编织纹等。该镰柄极长，推测原有180厘米，应是打草用的长镰。长镰一般在北方草原地区使用，用来打草以备牲畜过冬之用。在滇池地区出现打草用的长镰，反映了滇文化受到了北方草原文化的影响。羊甫头墓地还出土了大量专门用来收获禾穗的爪镰，说明其农业已具一定规模。

Bronze sickle with a lacquered handle

Western Han Dynasty (206 BC—8 AD)
General length: 172cm
Excavated from the Yangfutou site in Guandu District, Kunming, Yunnan
Collected by the Yunnan Provincial Museum

鎏金铜柄铁爪镰

:: 西汉（前206—公元8年）
:: 长6.7厘米 :: 宽3.6厘米
:: 云南省昆明市晋宁区石寨山遗址出土
:: 云南省博物馆藏

◎ 爪镰是收割庄稼穗头用的农具。这两件爪镰铜柄部分鎏金，刃部为铁质，已严重锈蚀。长方形柄微微弯曲，正中有一孔，用于穿入绳或皮条系于中指上使用。爪镰与新石器时代的半圆形穿孔石刀器形相似，是由穿孔石刀演变而来。

Two partially gilded claw shaped copper handles with iron edges

Western Han Dynasty (206 BC—8 AD)
Length: 6.7cm | width: 3.6cm
Excavated from the Shizhaishan site in Jinning District, Kunming, Yunnan
Collected by the Yunnan Provincial Museum

石寨山残铜器上的稻壳

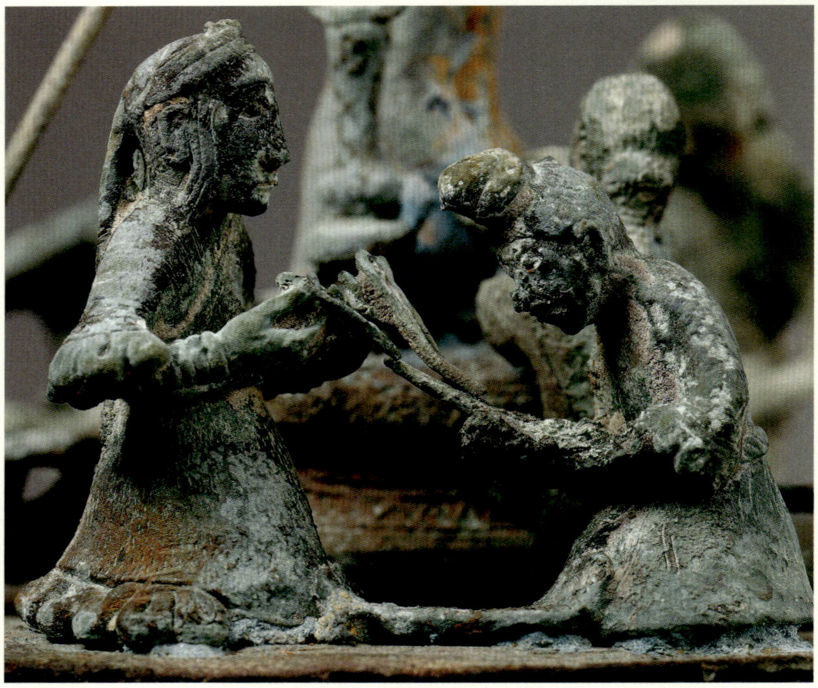

女子在农作之余，还要从事纺织工作。滇国女性贵族墓葬中经常出土成套的纺织工具，有卷经轴、幅撑、卷布轴、打纬刀、分经棍、纺轮、夹、镯形器等。1999年，昆明官渡羊甫头出土了一件西汉漆木幅撑，通长127厘米，宽4.4厘米，这是滇青铜文化墓葬中出土的最大的一件幅撑，可见西汉时期滇人生产的纺织品的布幅最大已经超过一米了。

纺织场面铜贮贝器

∷西汉（前206—公元8年）
∷长22.8厘米∷刃宽4.8厘米
∷云南省玉溪市江川区李家山遗址出土
∷云南李家山青铜器博物馆藏

◎束腰圆筒形贮贝器的器盖、器腰两侧各铸一对虎形耳，底有三个扁足。器身饰有卷云纹和菱形纹等。器盖立雕10人，皆为女性。中央鼓上跪坐着一个贵妇，通体鎏金，身边放有壶、豆、盘等器皿。旁有三个侍女捧送食盒、执伞、跪坐听候差遣。周围有两人，一坐一立，面面相对做理线状，另有四人面向中央席地而坐，用腰机织布。不同的动作反映了腰机在织布过程中的不同环节。腰机亦称踞织机，它是斜织机出现之前的一种较简单的织布工具，主要由经轴、分经杆、布轴、幅撑、打纬刀、投纬工具、背带、综杆等附件组成。至今在云南仍有一些少数民族使用踞织机。

Bronze cowrie container decorated with figures weaving

Western Han Dynasty (206 BC—8 AD)
Length: 22.8cm | blade width: 4.8cm
Excavated from the Lijiashan site in Jiangchuan District, Yuxi, Yunnan
Collected by the Yunnan Lijiashan Bronze Museum

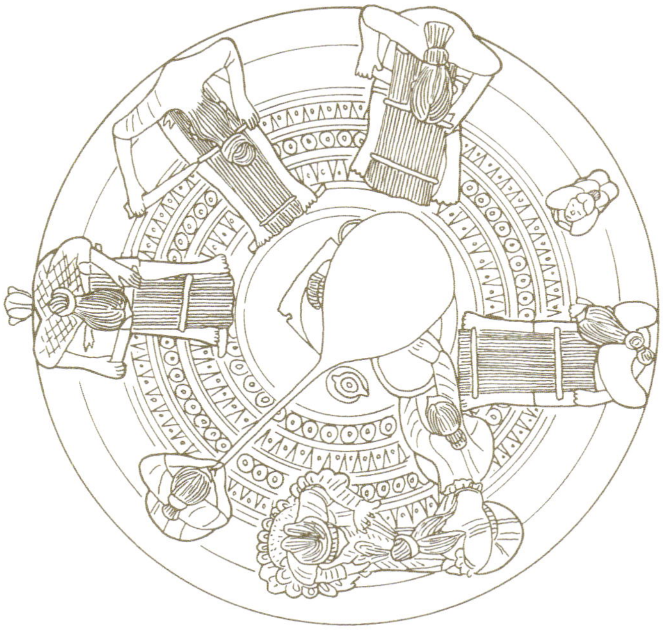

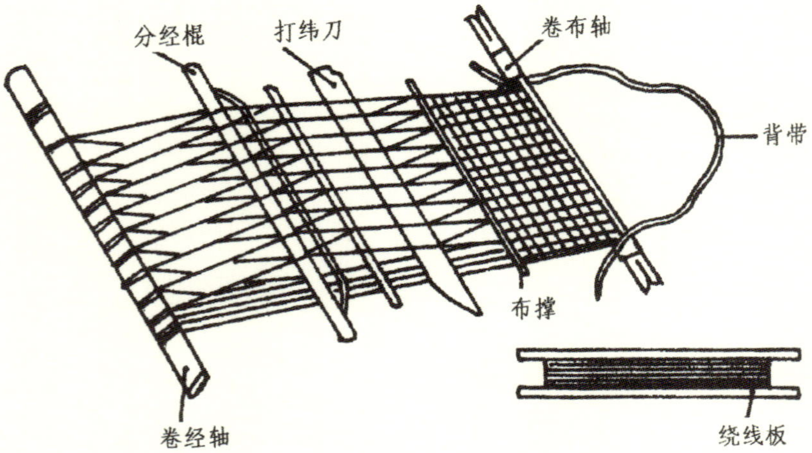

滇国腰机复原示意图

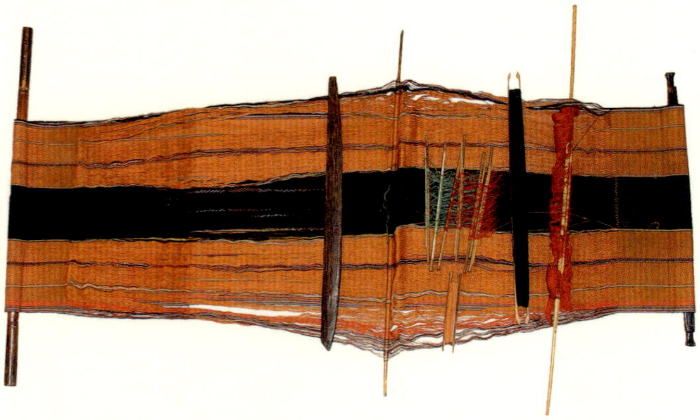

现代佤族腰机

贮贝器上的卖布人展示布样

铜纺织机部件

:: 西汉（前 206—公元 8 年）

:: ① 长 46 厘米，宽 3.5 厘米

:: ② 长 45 厘米，宽 3.5 厘米

:: ③ 长 36 厘米，宽 2 厘米

:: ④ 长 33 厘米，宽 4 厘米

:: 云南省昆明市晋宁区石寨山遗址出土

:: 云南省博物馆藏

踞织机上的四个部件：布轴、经轴、分经杆、打纬刀。

Bronze weaving tools

Western Han Dynasty (206 BC—8 AD)

① Length: 46cm | width: 3.5 cm

② Length: 45cm | width: 3.5cm

③ Length: 36cm | width: 2cm

④ Length: 33cm | width: 4cm

Excavated from the Shizhaishan site in Jinning District, Kunming, Yunnan

Collected by the Yunnan Provincial Museum

漆木打纬刀

::西汉（前206—公元8年）
::通长55厘米::宽7厘米
::云南省昆明市官渡区羊甫头遗址出土
::云南省博物馆藏

◎打纬刀又称『机刀』，是织布时用来打实织口中的纬线，使布幅结构紧密，以便进一步引纬交织。每引纬一次，需打纬一次，如此反复，布轴上的布在逐渐加长，经轴上的线在相应缩短。近代云南少数民族的打纬刀用竹木片制作，表面光滑、平整，使用时就不容易将经纬线戳断而影响织布进度。这件打纬刀饰三股红漆条带组合纹，余髹黑漆。

Lacquered wood weaving tool

Western Han Dynasty (206 BC—8 AD)
General length: 55cm | width: 7cm
Excavated from the Yangfutou site in Guandu District, Kunming, Yunnan
Collected by the Yunnan Provincial Museum

铜幅撑

:: 西汉（前206—公元8年）
:: 通长55厘米 :: 宽7厘米
:: 云南省昆明市官渡区羊甫头遗址出土
:: 云南省博物馆藏

幅撑又称『撑弓』，因其弓状而得名，位置在织口附近的布幅上，两端分别系在布幅的两侧，使布面张直，便于投纬和打纬动作的顺利进行。云南少数民族的踞织机上也有幅撑，大多是用有弹性的竹条，也有用弯曲的木棍。竹条或木棍的两端各装有尖物，可插在织口附近的布幅两侧，同样使布面平直，便于交织。这件幅撑的一端似矛，一端凸出，上套一踞坐人形环。在滇文化中，有部分头戴束腰形板状冠的人物造型，他们或出现在钺纽上，或出现在歌舞、剽牛等活动场面中，未出现在劳作场面中。这类人应属滇国的外来民族。

Bronze weaving tool

Western Han Dynasty (206 BC—8 AD)
General length: 55cm | width: 7cm
Excavated from the Yangfutou site in Guandu District, Kunming, Yunnan
Collected by the Yunnan Provincial Museum

五牛铜线盒

:: 战国（前475—前221年）
:: 高31.2厘米
:: 云南省玉溪市江川区李家山遗址出土
:: 云南省博物馆藏

◎器身上部圆形，下部渐收束，至底部成为圆角四方形，平底，四足扁平。子母口，斗笠形盖，盖上焊铸有五头圆雕立牛。盖上和腹上部各有两耳。器盖顶部正中铸有一立牛，健壮有力，周边四牛同向而立。盖上铸有盘蛇纹、竹节纹，牛身饰云纹、编织纹，器身布满流云纹、编织纹、竹节纹。因出土时内装绕线板和线，同类器物中还发现针，此器应为仿制生活中用草、竹子等编制的线盒而铸造的。

Bronze thread container decorated with five oxen

Warring States Period (475 BC—221 BC)
Height: 31.2cm
Excavated from the Lijiashan site in Jiangchuan District, Yuxi, Yunnan
Collected by the Yunnan Provincial Museum

卧虎铜针筒

:: 战国（前475—前221年）
:: 高11厘米 :: 底径2.4厘米
:: 云南省玉溪市江川区李家山遗址出土
:: 云南省博物馆藏

◎ 器物通体做圆筒状，子母口，盖上铸有一卧虎。器身遍饰折线纹、回旋纹。此器出土时内有数枚无针鼻的长针和线，与滇人的纺织、缝纫有关，或认为是古滇国巫医的用具。江川李家山遗址共出土此类器物6件。

Bronze needle container decorated with a crouching tiger

Warring States Period (475 BC—221 BC)
Height: 11cm | bottom diameter: 2.4cm
Excavated from the Lijiashan site in Jiangchuan District, Yuxi, Yunnan
Collected by the Yunnan Provincial Museum

镀锡铜绕线板

:: 西汉（前206—公元8年）
:: 长11.5厘米 :: 宽4厘米
:: 云南省昆明市晋宁区石寨山遗址出土
:: 云南省博物馆藏

这件绕线板通体呈长方形，五横三纵格板，上部有一半圆环。横条上有菱形回纹，纵条上有缠线的痕迹。

Thread-wrap board plated tin and copper

Western Han Dynasty (206 BC—8 AD)
Length: 11.5cm | width: 4cm
Excavated from the Shizhaishan site in Jinning District, Kunming, Yunnan
Collected by the Yunnan Provincial Museum

滇人贵族出则乘马、乘步撵、乘船等，前呼后拥。平民常步行。生活之余，滇人还进行歌舞、竞渡、游戏、斗牛等娱乐活动。滇国音乐以打击乐器为主，管乐器为辅。乐器有铜鼓、錞于、编钟、铜铃、葫芦笙、葫芦丝等。滇人的舞蹈可分为徒手舞与执道具舞两种。徒手舞动作规范，具有强烈的节奏感。执道具舞或手执羽旌及匏笙而舞，蕴含庆祝胜利的意味，或手执盾牌、斧头而舞，具有战前激励士气的作用。

四牛鎏金骑士铜贮贝器

:: 西汉（前206—公元8年）
:: 高 52厘米
:: 云南省昆明市晋宁区石寨山遗址出土
:: 云南省博物馆藏

◎ 束腰圆筒形，器身两侧对称雕铸虎形耳，平底，底有三个虎爪形足。器盖正中铸有一个鎏金骑士，头梳椎髻，腰佩长剑，穿紧身衣裤。通体鎏金显然是身份显赫。其坐骑之马昂首挺身，张口，翘尾，显得十分威武。盖周立雕四牛，腰肥体壮，抬头垂尾做行走状。整个器物装饰题材由动物到人物，或高或低，错落有致。

Bronze cowrie container decorated with a gilded horse rider and four oxen

Western Han Dynasty (206 BC—8 AD)
Height: 52cm
Excavated from the Shizhaishan site in Jinning District, Kunming, Yunnan
Collected by the Yunnan Provincial Museum

祭祀铜贮贝器中的滇人贵族妇女出行线图

三骑士铜鼓

:: 西汉（前206—公元8年）

:: 高46.2厘米 :: 鼓面直径39.7厘米

:: 云南省玉溪市江川区李家山遗址出土

:: 云南李家山青铜器博物馆藏

◎鼓面正中为十二角芒太阳纹，腰部由斜线纵分为8格，格内无纹饰，胸、腰间有四对绳纹耳。鼓面边沿有三个骑士及一牛：骑士头戴盔，耳佩环，身披帔，着对襟长衫，腰束带，佩长剑，控缰做前行状。马仰头翘尾，头部似装饰有面帘、缨络。骑马武士顶盔贯甲，身着戎装，似乎在驰骋巡逻。西汉中期，滇国骑兵装备及马饰、马具逐渐臻于完善。此器上骑士和战马的装束正说明了这一点。

Bronze drum decorated with three horse riders

Western Han Dynasty (206 BC—8 AD)

Height: 46.2cm | diameter of drum head: 39.7cm

Excavated from the Lijiashan site in Jiangchuan District, Yuxi, Yunnan

Collected by the Yunnan Lijiashan Bronze Museum

晋宁石寨山铜鼓残片上的龙舟竞渡形象

西双版纳傣族赛龙舟

骑士铜扣饰

:: 西汉（前206—公元8年）
:: 长10厘米 :: 宽9.5厘米
:: 云南省昆明市晋宁区石寨山遗址出土
:: 云南省博物馆藏

◎扣饰的造型为一骑士御马而行。骑士带头盔，着披风，短衣短裤，跣足，控缰绳。马仰头翘尾，前腿高抬，做奔跑状。扣饰背面有一『L』形扣。

Bronze buckle in the shape of a horse rider

Western Han Dynasty (206 BC—8 AD)
Length: 10cm | width: 9.5cm
Excavated from the Shizhaishan site in Jinning District, Kunming, Yunnan
Collected by the Yunnan Provincial Museum

鎏金孔雀纹铜马珂

∷西汉（前206—公元8年）
∷长13.5厘米∷宽7厘米
∷云南省昆明市晋宁区石寨山遗址出土
∷云南省博物馆藏

◎马珂是安装在马鞍后面之鞧带上的饰件。这件马珂形如鞋底，面上锤锻出凸起的孔雀纹，做鼓翅侧首而鸣之状。

Gilded tear-shaped bronze ornament decorated with a peacock

Western Han Dynasty (206 BC—8 AD)
Length: 13.5cm | width: 7cm
Excavated from the Shizhaishan site in Jinning District, Kunming, Yunnan
Collected by the Yunnan Provincial Museum

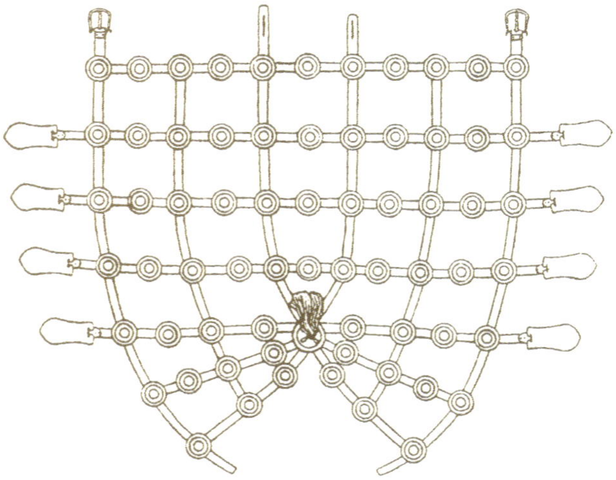

马珂使用示意图

◎马具之后鞧，表示马珂系带的位置（据安阳孝民屯154号西晋墓出土物复原）。

四人一牛铜啄

:: 西汉（前206—公元8年）
:: 长27.5厘米 :: 宽15厘米
:: 云南省昆明市晋宁区石寨山遗址出土
:: 云南省博物馆藏

◎此器为仪仗兵器，啄刺细尖，扁圆器横于啄体形成『T』字，銎饰细密云纹、太阳纹、雷纹、锯齿纹。銎背上原铸四人和一牛：第一人背负囊，第二人应为牵牛者，惜已失落，第三人做赶牛状，第四人右肩扛物（已残剩半截木棍）。三人服饰相同，披毡、穿短裙、戴耳环。此场面似与纳贡或集市等有关。啄是滇国特有的兵器，整体似『T』字，銎部刃部垂直，刃既长且尖（亦有做铲形的），使用时如鸟啄木，也可像铜戈一样钩杀。

Bronze stick decorated with an incised design on which stand four men and an ox (a figure man was lost)

Western Han Dynasty (206 BC—8 AD)
Length: 27.5cm | width: 15cm
Excavated from the Shizhaishan site in Jinning District, Kunming, Yunnan
Collected by the Yunnan Provincial Museum

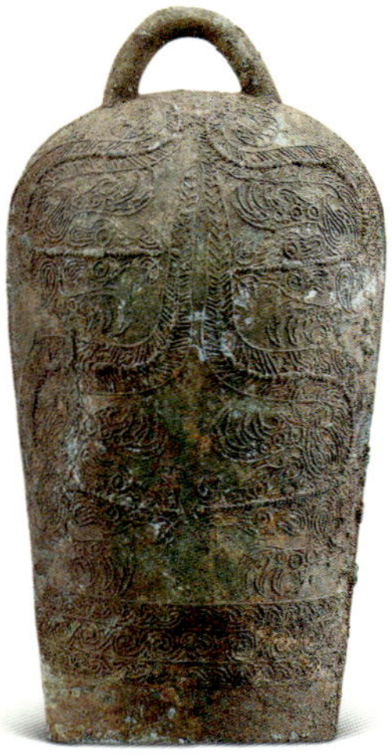

滇王铜编钟

∷西汉（前206—公元8年）
∷高29.5—42厘米
∷云南省昆明市晋宁区石寨山遗址出土
∷云南省博物馆藏

◎出土于石寨山6号滇王墓。1套6件，大小相依，器身顶端均有半圆环钮，两面各铸4条蜿蜒的龙形，左右对称。钟口为椭圆形，唇边饰蛇纹及方格纹。铜钟在中原地区的西周时已盛行，战国时期以编钟、编磬组成的乐队规模盛大。到了汉代，钟、磬等乐器开始衰落，然而滇国和中原地区不同，直至西汉晚期，编钟仍在使用。滇国发现的编钟多数由偶数组成，一般为6件，而中原多是奇数。

Bronze chimes

Western Han Dynasty (206 BC—8 AD)
Height: 29.5—42cm
Excavated from the Shizhaishan site in Jinning District, Kunming, Yunnan
Collected by the Yunnan Provincial Museum

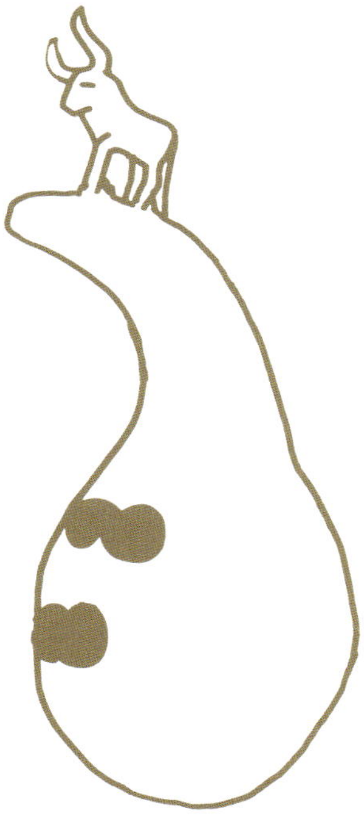

立牛曲管铜葫芦笙

:: 西汉（前206—公元8年）

:: 高28.2厘米

:: 云南省玉溪市江川区李家山遗址出土

:: 云南省博物馆藏

◎铜葫芦形笙曲管上段一侧有一圆孔，近顶端雕铸一立牛。笙下部正面开五孔，背面一圆孔。出土时笙腹内有残断的竹管痕迹，说明此笙原五孔处当插有竹管。这是古代滇人使用的一种吹奏乐器。葫芦笙现在云南彝、佤、怒、拉祜、傣、纳西、德昂等少数民族中仍有使用。

Bronze gourd-shaped *Sheng* (a musical instrument)

Western Han Dynasty (206 BC—8 AD)
Height: 28.2cm
Excavated from the Lijiashan site in Jiangchuan District, Yuxi, Yunnan
Collected by the Yunnan Provincial Museum

四人乐舞铜俑

:: 西汉（前206—公元8年）
:: 高29.5—42厘米
:: 云南省昆明市晋宁区石寨山遗址出土
:: 云南省博物馆藏

◎ 四个俑的服饰基本一致：头梳银锭式发髻，耳佩圆形耳环，双腕戴镯。右肩上斜挎佩剑宽带，至侧腰处系有短剑，腹部佩圆形扣饰。前衣襟短，其结于前胸，后衣襟极长，肩披帔，披帔下段为带尾兽皮饰，拖至足后。两膝下各束一条饰带，跣足。其中一人吹曲管葫芦笙，边吹边舞，其余三人双手摆动，做舞蹈状。此四舞俑其一足下有残留环扣，应该是某一青铜器上的装饰附件。李伟卿先生认为是铜鼓鼓面的立体饰物，可备一说。

Four singing and dancing figures

Western Han Dynasty (206 BC—8 AD)
Height: 29.5—42cm
Excavated from the Shizhaishan site in Jinning District, Kunming, Yunnan
Collect by the Yunnan Provincial Museum

鎏金八人乐舞铜扣饰

∷西汉（前206—公元8年）
∷长13厘米∷宽9.5厘米
∷云南省昆明市晋宁区石寨山遗址出土
∷云南省博物馆藏

◎扣饰呈长方形，鎏金，其背面有一『L』形铜扣。扣饰反映了音乐歌舞的情景：人物分上、下两排，上排四人，口微张，均做歌舞状。头戴冕形冠，梳发髻于冠顶，长飘带系绕于冠后，耳戴大圆形耳环，右肩斜挂一条由乳凸形圆扣串缀成的带饰，腰束带，佩圆形扣饰。下排似乐池，四人服饰同上，其中一人吹曲管葫芦笙，一人持长勺酌酒，一人击鼓，一人做饮酒状。

Gilded bronze buckle decorated with eight dancing figures

Western Han Dynasty (206 BC—8 AD)
Length: 13cm | width: 9.5cm
Excavated from the Shizhaishan site in Jinning District, Kunming, Yunnan
Collected by the Yunnan Provincial Museum

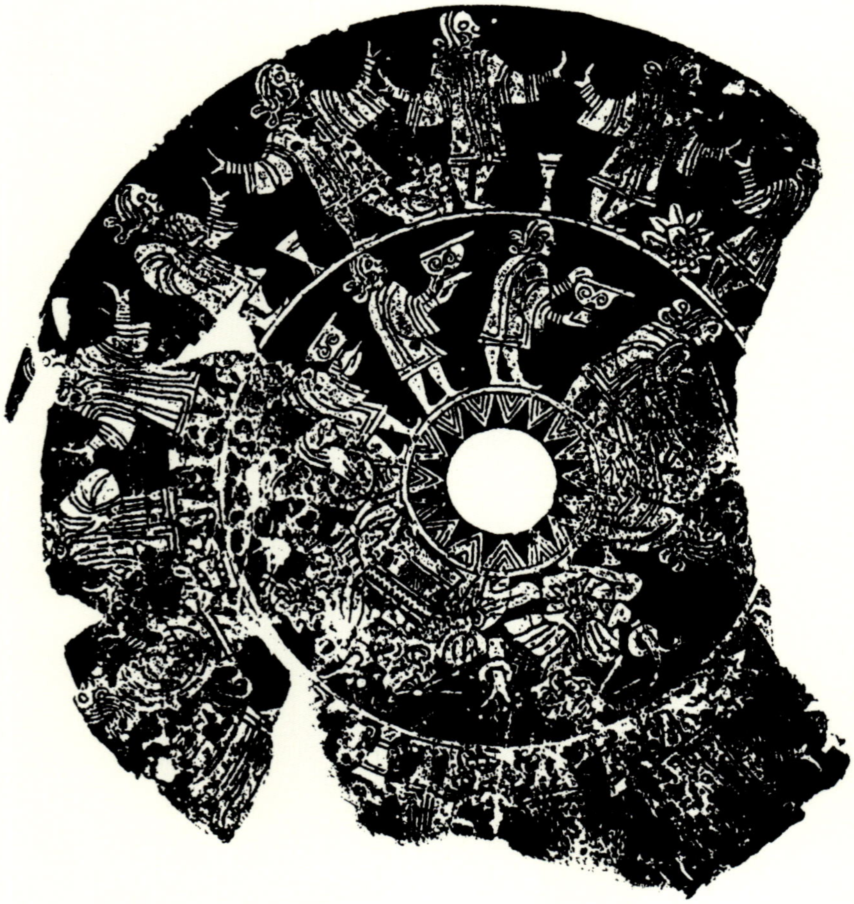

籍田宴乐铜贮贝器上的宴乐歌舞场面

纳西族的阿里里

镶石圆形舞人铜扣饰

:: 西汉（前206—公元8年）

:: 直径7.1厘米

:: 云南省玉溪市江川区李家山遗址出土

:: 云南省博物馆藏

扣饰正中嵌玛瑙珠及绿松石小珠，其外透雕人像一周，共18人，衣后皆饰尾，手挽手，腿部微曲做旋转舞蹈状。边沿嵌绿松石小珠。扣饰上这种围成圆圈，连臂而舞的场面，在1973年青海大通县上孙家寨出土的新石器时代舞蹈彩陶盆上也曾见到过。这种形式的舞蹈至今仍见于云南许多少数民族之中，如彝族的跳宫或打歌，白族的踏歌，纳西族的阿里里等。

Round bronze buckle decorated with a dancing scene

Western Han Dynasty (206 BC—8 AD)

Diameter: 7.1cm

Excavated from the Lijiashan site in Jiangchuan District, Yuxi, Yunnan

Collected by the Yunnan Provincial Museum

贰 甘食美服

滇人男性最常见的发型为圆髻，先以丝、麻或棉质发带束发于头顶，然后打结成髻，状似击鼓之木锤，史称“魋髻”。妇女的发型变化较多，有梳椎髻者，还有梳“银锭髻”“马鞍髻”等，也有的自由垂放，不加梳理，别具风情，还有的挽成螺旋形状，盘在头顶正中，也有的束于颈侧，或结于脑后，种种不一。

执伞男铜俑

∷西汉（前206—公元8年）
∷俑高51厘米∷伞通高104厘米
∷云南省昆明市晋宁区石寨山遗址出土
∷云南省博物馆藏

◎男性形象跪坐，双手持伞，头顶梳发髻，颈饰多串珠链，身披帔系带于胸前，内着长衣，腰束宽带，腹正中饰圆形扣饰。背部因腰际装束形成向后凸的背囊。伞盖倾斜，内沿悬挂9枚铜铃。此类持伞俑出土时均置于铜鼓或贮贝器上，位于棺木两端，似有供养和导引神灵之意。

Bronze male figurine

Western Han Dynasty (206 BC—8 AD)
Height of figurine: 51cm | general height of umbrella: 104cm
Excavated from the Shizhaishan site in Jinning District, Kunming, Yunnan
Collected by the Yunnan Provincial Museum

执伞男铜俑

:: 西汉（前206—公元8年）
:: 高65.4厘米
:: 云南省玉溪市江川区李家山遗址出土
:: 云南李家山青铜器博物馆藏

◎此铜俑跪坐于铜鼓之上，双手合抱于胸前做持伞状。头梳椎髻，耳佩耳玦（已残），颈戴三道珠链。内着左衽圆领衣，袖长及肘，肩披蛇纹披风，外束腰带，腹心佩圆形扣饰，右肩斜挎剑于腰左侧，前臂佩臂甲，跣足。此俑出自大型墓内，同墓发现两件，形态相同，放置在棺的两端。俑后背隆起，有研究者认为是为了保持重心而故意铸造的形状，但我们从一些站立的滇人背部也看到类似的造型，所以它应该是衣服的内囊或是一种特殊的服饰习俗。

Bronze male figurine

Western Han Dynasty (206 BC—8 AD)
Height: 65.4cm
Excavated from the Lijiashan site in Jiangchuan District, Yuxi, Yunnan
Collected by the Yunnan Lijiashan Bronze Museum

骑马椎髻的滇人男子

男俑出土现场照

女铜俑

:: 西汉（前206—公元8年）

:: 高36.5厘米 :: 最宽17.5厘米

:: 云南省昆明市晋宁区石寨山遗址出土

:: 云南省博物馆藏

◎女铜俑呈跪坐姿势，双手肘部以下残断。头梳高髻，耳佩成组耳玦，身上披厰，腰间束带，腹前挂圆形扣饰，下身着裙。

Bronze female figurine

Western Han Dynasty (206 BC—8 AD)

Height: 36.5cm | the maximum width: 17.5cm

Excavated from the Shizhaishan site in Jinning District, Kunming, Yunnan

Collected by the Yunnan Provincial Museum

孔雀衔蛇纹铜发簪

::西汉（前206—公元8年）
::长13.8厘米
::云南省玉溪市江川区李家山遗址出土
::云南省博物馆藏

◎发簪的柄为圆球形，内中空，上端有一个圆铸孔。球体表面精细刻画孔雀衔蛇纹，图案优雅秀美，显示出古代滇人非凡的工艺制作水平。球柄之下为如锥般细长且尖的直杆，内中空。

Bronze hairpin decorated with a peacock biting a snake

Western Han Dynasty (206 BC—8 AD)
Length: 13.8cm
Excavated from the Lijiashan site in Jiangchuan District, Yuxi, Yunnan
Collected by the Yunnan Provincial Museum

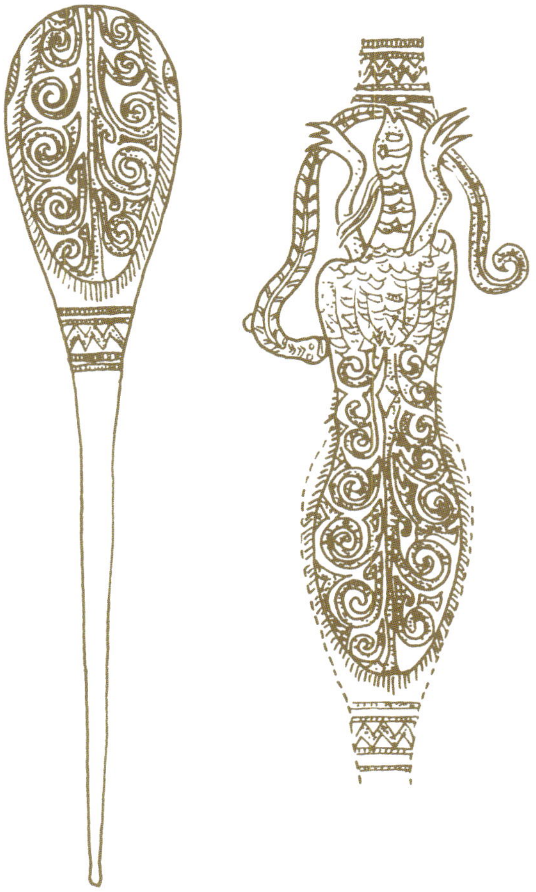

纺织铜贮贝器上滇人妇女的七种不同发型

现代人绘制的滇人模拟像

滇人服饰最普及、最常用的是麻纺织品，毛、皮也是重要的服装原料，丝织品罕见，男性多着对襟长衫，下着短裤或短裙，贵族有穿紧身窄裤者，肩披帔，束腰带，腰悬挂圆形扣饰，佩短剑。女性多着对襟长衫，宽短袖，内着圆领短胸衣，下身穿短裙，同样肩披帔，束腰带，以圆形扣饰装饰。滇人男女都头插发簪，佩耳环，颈戴珠串，佩戴臂钏、手镯、扣饰等，富丽华贵，高雅大方。有的还纹身，头插雉鸡的尾羽和牙角等装饰品。长衫上挑花刺绣各种不同的几何纹、动物纹做装饰。滇人无论男女贵贱均跣足。

执伞女铜俑

∷西汉（前206—公元8年）
∷高46厘米
∷云南省昆明市晋宁区石寨山遗址出土
∷云南省博物馆藏

◎女俑并膝跪坐，两小臂于身前平举做持伞状（伞已佚）。此俑头梳银锭式发髻，上身着无领对襟广袖长衫，可见圆领内衣花纹，下身着裙，跣足。衣袖及裙边饰回纹和复线三角纹带。耳佩成组耳环，手戴钏。此装束在滇国其他器物的人物形象中也常见，是汉代滇人贵族妇女的日常装束。

Bronze female figurine

Western Han Dynasty (206 BC—8 AD)
Height: 46cm
Excavated from the Shizhaishan site in Jinning District, Kunming, Yunnan
Collected by the Yunnan Provincial Museum

镀锡镶石铜手镯

:: 西汉（前206—公元8年）
:: 直径7.5厘米
:: 云南省玉溪市江川区李家山遗址出土
:: 云南省博物馆藏

◎全套八件，出土时四镯为一组，分别佩戴于墓主人左、右手臂上。四镯中，上、下两边的镯形一致，上口向外侈，呈喇叭筒状；居中的两镯则上下口径一致，呈圆箍状。镯面均镶嵌绿松石两周。新镀锡铜镯为银色，与绿松石相间衬托，改变了青铜镯单一的色彩，使镯色显得高雅，增加了美感和艺术效果。

Bronze bracelets inlaid with malachite

Western Han Dynasty (206 BC—8 AD)
Diameter: 7.5cm
Excavated from the Lijiashan site in Jiangchuan District, Yuxi, Yunnan
Collected by the Yunnan Provincial Museum

金手镯

::西汉（前206—公元8年）

::直径7.5—8厘米

::云南省昆明市晋宁区石寨山遗址出土

::云南省博物馆藏

◎金钏共有30件，用薄金片打制而成，外表有一道压印的瓦纹，上、下边沿有锥刺圆点纹。出土时成组戴于墓主手臂，当为装饰手臂的金臂钏。滇国时期的金钏，全部出自石寨山和李家山西汉中期至东汉早期的大墓中。

Gold bracelets

Western Han Dynasty (206 BC—8 AD)

Diameter: 7.5—8cm

Excavated from the Shizhaishan site in Jinning District, Kunming, Yunnan

Collected by the Yunnan Provincial Museum

突沿玉镯

:: 西汉（前206—公元8年）
:: 外径20.6厘米 :: 内径6.7厘米 :: 唇高1.2厘米
:: 云南省玉溪市江川区李家山遗址出土
:: 云南省博物馆藏

◎此玉镯是古滇文化墓葬出土的突沿玉镯中最大的一件。整体做玉璧形，内孔沿起一唇边，边沿剖面如「T」形，亦称「T」形镯。经抛光后主色为鸡骨白，杂以浅褐、灰、白、绿等形成的天然花纹。突沿玉镯是滇国特有的一种臂饰，这种玉镯在墓葬中大多出自墓主的手臂部，有的和铜镯同时使用，有的镯上还附有死者的肘骨残片。滇国青铜器图像上戴此突沿玉镯者为数不少，其中有骑士、舞乐者，也有滇国的上层人物。这种玉镯的内沿皆有凸起的唇边，是为加大与手臂的接触面，不致在戴镯时磨破皮肉。滇国的这种突沿玉镯主要是一种装饰品，其宗教意义不明显。

Jade bracelet

Western Han Dynasty (206 BC—8 AD)
External diameter: 20.6cm | internal diameter: 6.7cm | lip height: 1.2cm
Excavated from the Lijiashan site in Jiangchuan District, Yuxi, Yunnan
Collected by the Yunnan Provincial Museum

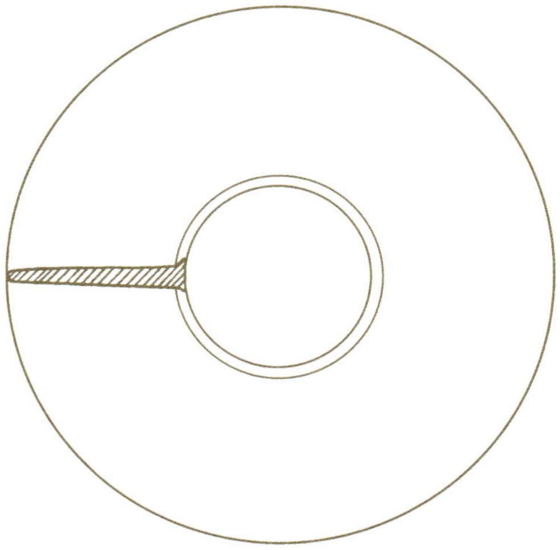

玉耳玦

∷西汉（前206—公元8年）
∷直径7.5—81厘米
∷云南省昆明市晋宁区石寨山遗址出土
∷云南省博物馆藏

◎一组28件，大小相依有序。软玉质，表面光洁平滑，不透明，多呈灰白色，有几件附着织物痕迹。器形均呈扁圆环状，上端正中有缺口，环至缺口处变窄，两端钻有细圆穿孔。这套玉耳饰为1956—1960年在石寨山古墓群发掘出土的成组玉耳玦中数量最多、最完整者，出土时相叠为一组，对称置于墓主左右耳部。滇人喜佩耳环，且以大小相依成组地佩戴于耳垂部位，厚厚一叠，并非如图片展示所见。

Jade earrings

Western Han Dynasty (206 BC—8 AD)
Diameter: 7.5—81cm
Excavated from the Shizhaishan site in Jinning District, Kunming, Yunnan
Collected by the Yunnan Provincial Museum

锥形玛瑙扣

∷西汉（前206—公元8年）
∷最大件直径6.4厘米
∷云南省玉溪市江川区李家山遗址出土
∷云南李家山青铜器博物馆藏

◎玛瑙扣呈圆片状，正面中部琢成截顶圆锥形，凸起较高，顶平或做圆柱形，棱角分明，打磨光滑。背面有打琢痕迹，斜钻双连小圆孔，互相连通，用以穿系。其中一件正面边沿琢有7个小圆孔槽，似做镶嵌用，可惜镶嵌物已脱落。这种玛瑙扣出土时多半成组穿缀起来，覆盖在死者身上。一些青铜器图像标明，滇人服饰中有斜披绶带之俗，绶带与腰带相连接。绶带上有圆形装饰物，很可能就是这种圆形的玛瑙扣。

Agate ornaments

Western Han Dynasty (206 BC—8 AD)
Diameter of the largest piece: 6.4cm
Excavated from the Lijiashan site in Jiangchuan District, Yuxi, Yunnan
Collected by the Yunnan Lijiashan Bronze Museum

金腰带及圆形镶石铜扣饰

:: 西汉（前206—公元8年）
:: 带长96.5厘米 :: 宽5.8厘米 :: 扣饰直径20.5厘米
:: 云南省玉溪市江川区李家山遗址出土
:: 云南李家山青铜器博物馆藏

◎圆形铜扣饰正面内凹如浅盘，中央嵌乳凸形红玛瑙饰，其外镶嵌细密的绿松石和玉环，再外嵌绿松石，部分绿松石已经脱落。腰带用黄金锻打而成，其前、后部上沿略高于两侧，周边凿有小孔一周，以缝缀在皮革腰带上，两端中间分别凿有一个和两个方形孔，位置可重合，出土时方孔内扣着圆形扣饰背面的『L』形齿扣，两个方孔可调节腰带之长短，其上錾刻卷云纹和曲线纹。此器充分反映了滇国贵族装饰之奢华，同时也准确直观地表明了铜扣饰与腰带的组合使用方式。

Gold belt and round bronze buckle

Western Han Dynasty (206 BC—8 AD)
Belt length: 96.5cm | width: 5.8cm | diameter of buckle: 20.5cm
Excavated from the Lijiashan site in Jiangchuan District, Yuxi, Yunnan
Collected by the Yunnan Lijiashan Bronze Museum

鎏金猴边圆形镶石铜扣饰

:: 西汉（前206—公元8年）

:: 直径13.5厘米

:: 云南省昆明市晋宁区石寨山遗址出土

:: 云南省博物馆藏

◎扣饰的正面为圆形牌，内凹似浅盘形，正中镶嵌红色玛瑙，其外分作三圈，皆镶绿松石圆片。背面正中部铸有可供佩挂的矩形齿扣。周边有一圈鎏金透浮雕小猴，首尾相接，形象生动，富有情趣。此扣饰鎏金与玛瑙、绿松石相映生辉，工艺精湛，堪称难得的滇国艺术珍品。

Gilded bronze buckle decorated with monkeys on the rim

Western Han Dynasty (206 BC—8 AD)

Diameter: 13.5cm

Excavated from the Shizhaishan site in Jinning District, Kunming, Yunnan

Collected by the Yunnan Provincial Museum

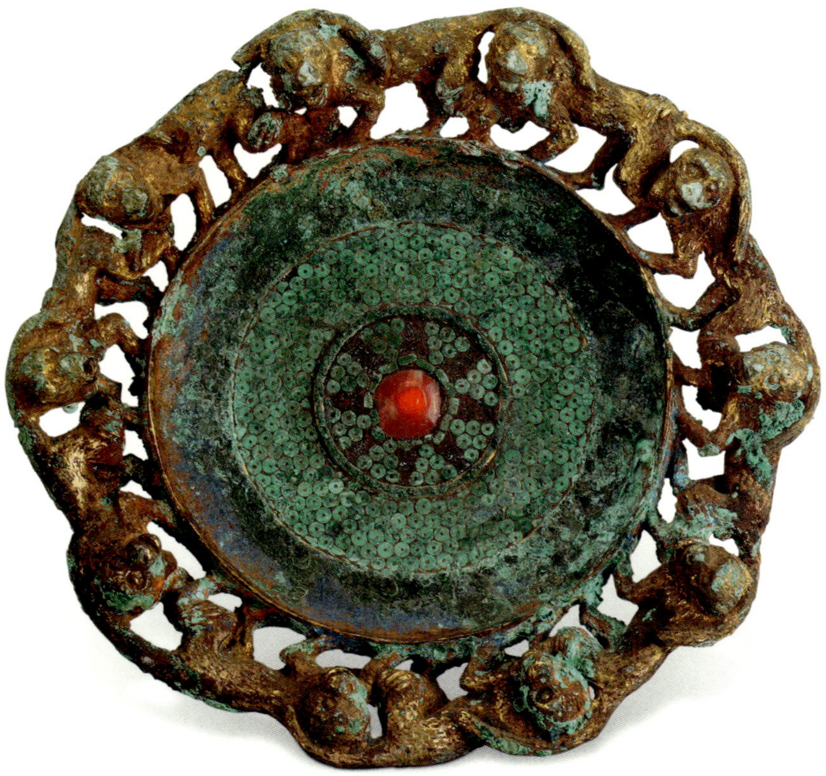

圆形鸟喙舞蹈人纹铜扣饰

:: 西汉（前206—公元8年）
:: 直径15.5厘米
:: 云南省昆明市官渡区双龙桥遗址出土
:: 云南省博物馆藏

◎圆形扣饰正面中心是半浮雕鸟喙，围绕中心的纹饰依次是锯齿纹、回字纹、舞蹈人纹、弦纹。浮雕鸟喙状的圆形扣饰多见于曲靖八塔台遗址中，昆明出土的这件显示了两者之间的文化交流情况。另外装饰中有一圈连臂而舞的舞蹈人纹，与江川李家山出土的圆形舞人铜扣饰表现内容相似。

Round bronze buckle decorated with a bird's head

Western Han Dynasty (206 BC—8 AD)
Diameter: 15.5cm
Excavated from the Shuanglongqiao site in Guandu District, Kunming, Yunnan
Collected by the Yunnan Provincial Museum

长方形狐围边铜扣饰

::西汉（前206—公元8年）
::最大件直径6.4厘米
::云南省玉溪市江川区李家山遗址出土
::云南李家山青铜器博物馆藏

◎扣饰整体为长方形，两只狐围两侧边。狐半立体透空浮雕，尖嘴，长身短腿，侧身侧首。牌面平，中央镶嵌九块玉片，中间三横，两侧各三竖排列，上下边沿有对称伸出的五双联同心圆纹。背有一「L」形扣。

Rectangular bronze buckle decorated with foxes on the rim

Western Han Dynasty (206 BC—8 AD)
Diameter of the largest piece: 6.4cm
Excavated from the Lijiashan site in Jiangchuan District, Yuxi, Yunnan
Collected by the Yunnan Lijiashan Bronze Museum

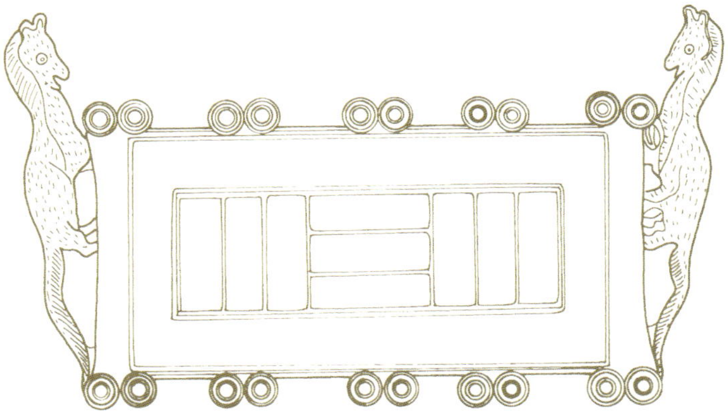

古代滇池区域气候温和，森林茂密，水土丰饶，很适宜于动物生长栖息。滇国境内动物种类丰富，数量繁多，常见的动物有牛、虎、猴、鹿、猪等，在生活用具、兵器等器物上均有表现。

滇人的生活用具种类多样，由青铜、石、陶、漆木、竹等不同材料制成。造型有釜、鼎、罐、觚、勺、豆、案、枕、盒、壶、尊、杯等，很多器物上有动物形象装饰，极富特色。晚期出现了汉式提梁壶、洗、甑、鍪、案、镜、耳杯等。

三支俑铜灯

::西汉（前206—公元8年）
::通高41.7厘米::通宽47厘米
::云南省个旧市黑马井遗址出土
::云南省博物馆藏

俑做跪坐状，裸体，尖脸，大眼，高颧骨，连鬓胡，头上用斜格纹带束发，胸腹部汗毛清晰可见，腹部交叉系两条菱形格纹带，形象具有西南少数民族特征。该俑头顶、双手各有一灯盘，灯分四部分范铸后再拼合而成，手臂、头部均可与躯干分离，拼缝整齐，造型准确，线条流畅。

Three bronze lamps supported by a human figure

Western Han Dynasty (206 BC—8 AD)
General height: 41.7cm | general width: 47cm
Excavated from the Heimajing site in Gejiu, Yunnan
Collected by the Yunnan Provincial Museum

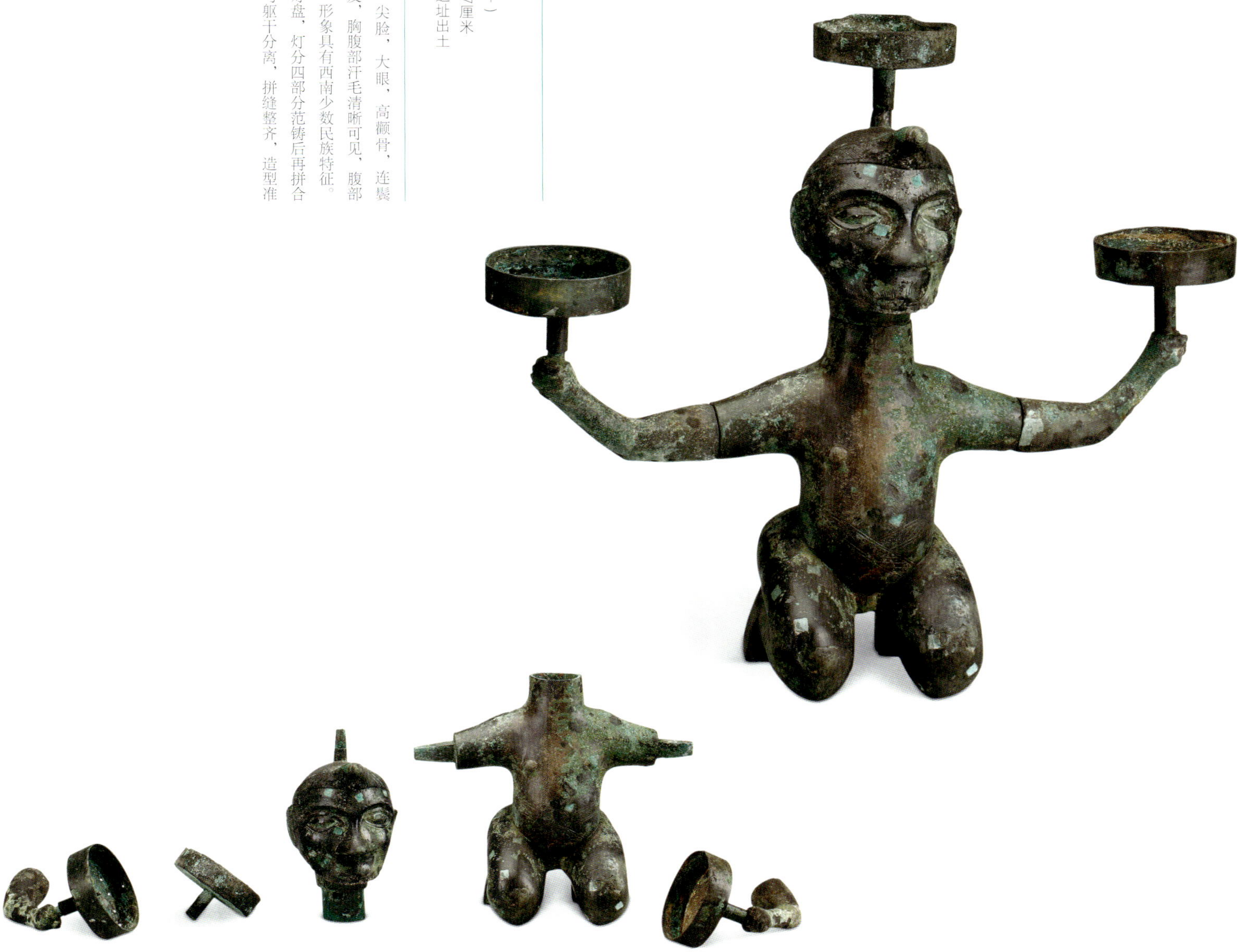

孔雀形铜镇

::东汉（25—220年）
::高10.9厘米::宽13厘米
::云南省玉溪市江川区李家山遗址出土
::云南李家山青铜器博物馆藏

◎铜镇整体做孔雀形，昂首，展翅，做开屏状。底面平，中间有一长方形孔，腹内灌注锡或铅。

Bronze weight in the shape of a peacock

Eastern Han Dynasty (25—220)
Height: 10.9cm | width: 13cm
Excavated from the Lijiashan site in Jiangchuan District, Yuxi, Yunnan
Collected by the Yunnan Lijiashan Bronze Museum

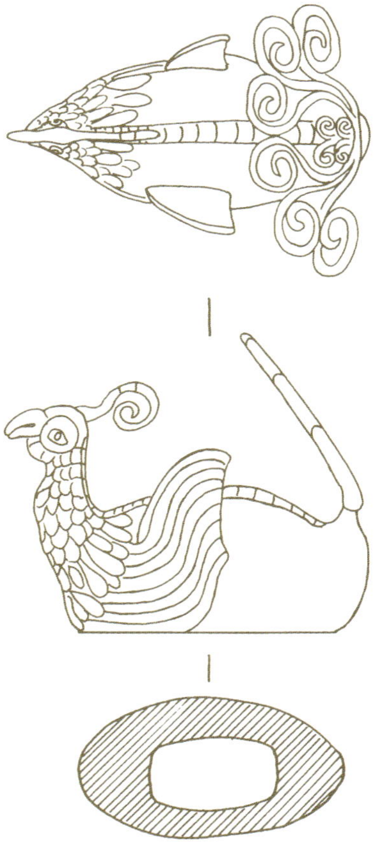

鸳鸯形铜镇

:: 西汉（前206—公元8年）
:: 高11厘米 :: 宽7厘米
:: 云南省昆明市晋宁区石寨山遗址出土
:: 云南省博物馆藏

由于气候炎热、多雨潮湿等自然原因，滇国时期的住房多为干栏式住房。房中的卧具十分简单，无床榻，仅铺竹编或草编的凉席，直至近代也基本如此。然而，因木板和凉席均较光滑，为避免席子滑动或卷边，还需在席的两端或四隅压置较重的金属镇物。滇国的铜镇常做成动物形，有的还经过鎏金处理，制作十分讲究。此件铜镇就是一只卧姿的鸳鸯，实心，表面鎏金，底平，双翅上曲微翘，身上还有四条蛇盘绕。汉代中原地区的铜镇亦多做动物形，但未见孔雀和鸳鸯造型。

Bronze weight in the shape of a mandarin duck

Western Han Dynasty (206 BC—8 AD)
Height: 11cm | width: 7cm
Excavated from the Shizhaishan site in Jinning District, Kunming, Yunnan
Collected by the Yunnan Provincial Museum

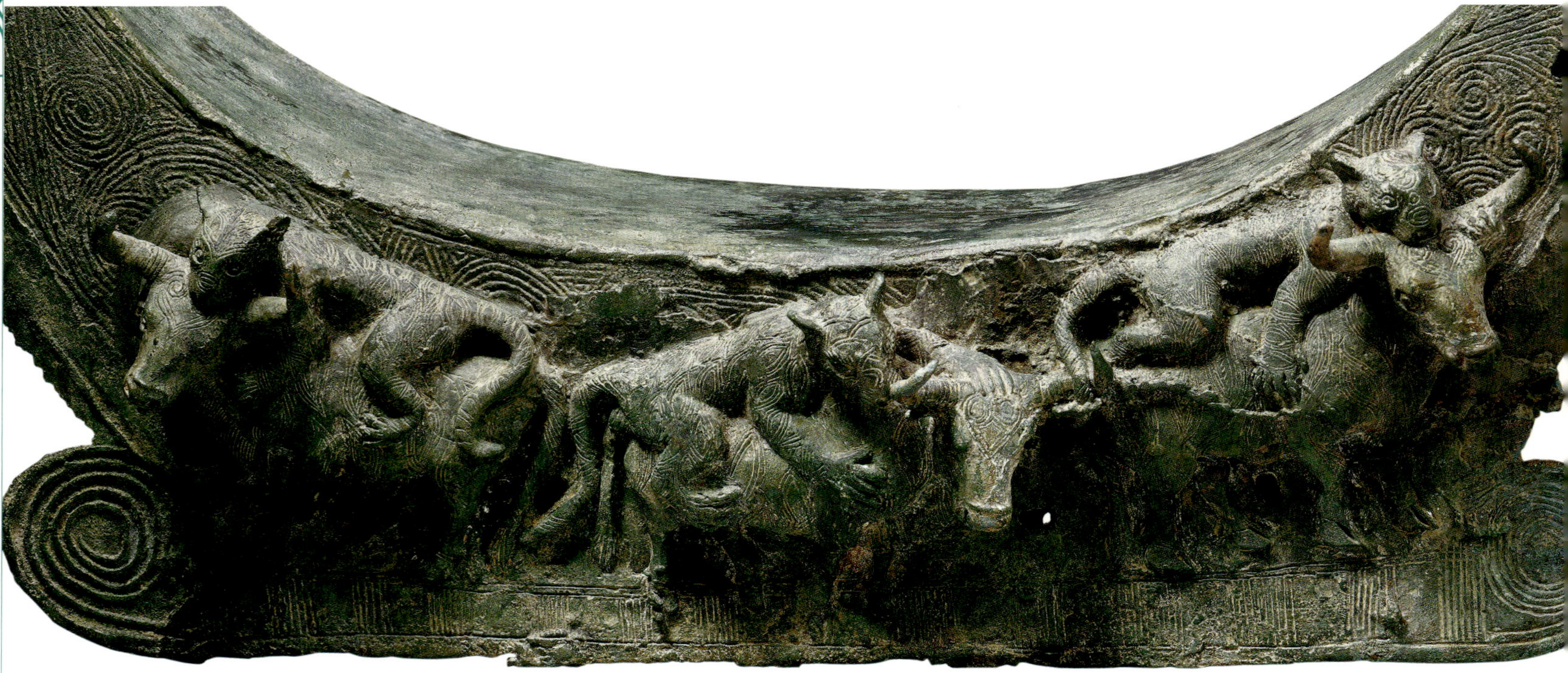

猛虎袭牛铜枕

:: 战国（前475—前221年）
:: 高33厘米 :: 长50.3厘米 :: 宽10.3厘米
:: 云南省玉溪市江川区李家山遗址出土
:: 云南省博物馆藏

◎ 铜枕整体似马鞍状，枕身两端上翘，各雕铸一立牛，枕侧背面浮雕三组虎噬牛图像，正面饰双旋纹。李家山墓地曾出土过六件形制相同的铜枕，多放在死者头部，有的表面尚存头骨残片及耳环等物，估计是古滇国特有的专门供随葬用的枕具。

Bronze pillow decorated with a tiger biting oxen

Warring States Period (475 BC—221 BC)
Height: 33cm | length: 50.3cm | width: 10.3cm
Excavated from the Lijiashan site in Jiangchuan District, Yuxi, Yunnan
Collected by the Yunnan Provincial Museum

踞坐男俑铜勺

∷战国（前475—前221年）
∷长39.5厘米
∷云南省玉溪市江川区李家山遗址出土
∷云南省博物馆藏

◎勺体做圆球形，正中开圆口，实心柄，柄上饰三角齿纹及点线纹等组成的条带纹，柄端铸有一个裸体男子，背靠叉形板，双手抱膝，踞坐于铜鼓形座上，做休憩状。此器为酒器，是从樽或壶中取酒倒入杯中的酌勺，多与樽、壶共出。这件铜勺造型奇特，与中原地区的铜勺完全不同，具有明显的地区差异性。

Bronze ladle decorated with a sitting man

Warring States Period (475 BC—221 BC)
Length: 39.5cm
Excavated from the Lijiashan site in Jiangchuan District, Yuxi, Yunnan
Collected by the Yunnan Provincial Museum

虎噬牛长柄铜勺

:: 西汉（前206—公元8年）

:: 长61厘米

:: 云南省昆明市晋宁区石寨山遗址出土

:: 云南省博物馆藏

◎ 勺体做圆球形，正中开圆口，柄部正面有一圆孔，背面为等距离的6个小方孔，柄端铸虎噬牛立体雕像。

Bronze ladle decorated with a tiger biting an ox

Western Han Dynasty (206 BC—8 AD)
Length: 61cm
Excavated from the Shizhaishan site in Jinning District, Kunming, Yunnan
Collected by the Yunnan Provincial Museum

铜壶

:: 西汉（前206—公元8年）
:: 高42厘米 :: 口径6.7厘米
:: 云南省昆明市晋宁区石寨山遗址出土
:: 云南省博物馆藏

◎ 贮酒器，壶口呈喇叭状，细长颈，腹部圆球形，平底。常在祭祀、饮乐场合使用。

Bronze *Hu* (a wine vessel)

Western Han Dynasty (206 BC—8 AD)
Height: 42cm | calibre: 6.7cm
Excavated from the Shizhaishan site in Jinning District, Kunming, Yunnan
Collected by the Yunnan Provincial Museum

孔雀雏鸡铜杯

::西汉（前206—公元8年）

::高52.4厘米::口径9.6厘米

::云南省昆明市官渡区羊甫头遗址出土

::云南省博物馆藏

◎杯体瘦高，有盖。器身敞口，方唇，斜直腹，平底，喇叭状高圈足。宝塔形盖，中空，分五层，第一层立有两只雏鸡，盖顶饰有一只孔雀。器表饰回旋纹、三角齿纹和弦纹等。该器为酒器。滇文化发现的杯多有盖，立牛装饰较多，仅此一件为孔雀和雏鸡。

Bronze cup

Western Han Dynasty (206 BC—8 AD)
Height: 52.4cm | calibre: 9.6cm
Excavated from the Yangfutou site in Guandu District, Kunming, Yunnan
Collected by the Yunnan Provincial Museum

镂空铜杯

:: 战国（前475—前221年）
:: 高17厘米 :: 底径5厘米 :: 口径8.3厘米
:: 云南省玉溪市江川区李家山遗址出土
:: 云南省博物馆藏

◎ 铜杯敞口，斜直腹，平底，圈足，杯体有菱形镂空，底部有三孔，属于殉葬品而非实用器。

Bronze cup with reticulation

Warring States Period (475 BC—221 BC)
Height: 17cm | bottom diameter: 5cm | calibre: 8.3cm
Excavated from the Lijiashan site in Jiangchuan District, Yuxi, Yunnan
Collected by the Yunnan Provincial Museum

镀锡铜削

:: 西汉（前206—公元8年）
:: 长26厘米 :: 宽1.5厘米
:: 云南省昆明市晋宁区石寨山遗址出土
:: 云南省博物馆藏

◎ 铜削即现在常用的小刀。表面镀锡，实心，细长圆柄，直背，刃细长平直。

Bronze knife

Western Han Dynasty (206 BC—8 AD)
Length: 26cm | width: 1.5cm
Excavated from the Shizhaishan site in Jinning District, Kunming, Yunnan
Collected by the Yunnan Provincial Museum

叁 时祭皆祈

滇国的原始信仰和祭祀活动复杂多样。滇人以万物有灵的多神论为主，尤其崇拜太阳和祖先。两者都与稻作民族祈求年成丰稔的心理有关。凡祭皆有所祈，祭祀常杀人作为贡献的牺牲，用来表达自己的虔诚之情，带有原始宗教血祭的野蛮残余。出于稻作民族的本能，滇人的祭祀主要围绕着春耕、秋收等农事活动。一些新的考古发现表明生殖崇拜在滇国也颇为盛行。

牛虎铜案

:: 战国（前475—前221年）

:: 高43厘米 :: 长76厘米 :: 宽36厘米

:: 云南省玉溪市江川区李家山遗址出土

:: 云南省博物馆藏

◎ 该铜案由一大一小的两头牛与一虎组成，以大牛四腿为器足，『挖空』牛背使之成为盛放物品的下凹盘形。牛尾部攀爬一虎，口咬牛尾，前爪紧扣案缘，躬身，后腿蹬立在牛腿上。大牛足间铸连横档，前后两横档上，一头体量稍小的立牛横出于大牛腹下。在滇国，虎为百兽之王，是权威的象征，牛是财富和生命的标志。虎噬牛既是现实世界食肉动物与食草动物之间关系的真实反映，又包含了滇人对『死亡』这一生命终极命题的认识与理解。小牛从大牛腹下步出，代表着『新生』，是生命的一种新陈代谢。牛虎铜案既包含了『死亡』，又孕育了『新生』，巧妙地通过『牛』这一特殊媒介来表达滇人对财富、生命，以及风调雨顺、牲畜繁衍、国泰民安的渴求。虎噬牛的造型反映了滇人受北方草原文化特别是动物搏斗类题材的影响，而以动物为器物主体的构思则可能是接受了楚文化的一些因素。

Bronze table decorated with a tiger and oxen

Warring States Period (475 BC—221 BC)

Height: 43cm | length: 76cm | width: 36cm

Excavated from the Lijiashan site in Jiangchuan District, Yuxi, Yunnan

Collected by the Yunnan Provincial Museum

牛虎铜案出土现场

杀人祭柱铜贮贝器腰部刻纹展开图

杀人祭柱铜贮贝器

::西汉（前206—公元8年）

::高38厘米::盖径30厘米

::云南省昆明市晋宁区石寨山遗址出土

::云南省博物馆藏

◎这件铜鼓形贮贝器，鼓腰部有8人衣着各异，或半裸，手持兵器做追逐状。器盖上铸52个人物和一猪一犬。鼓面中央立有一对蛇盘绕的圆柱，柱顶立一虎，柱础盘旋一条似鳄鱼或大鲵状的动物。柱右碑形物上捆缚一裸体人，当为用来祭祀的牺牲。旁边一位乘坐四人肩舆的贵族妇女，是主持祭祀仪式的女性贵族。两侧边沿还各有一大鼓。古代滇国祭祀场所多立有铜柱，铜柱不仅是祭祀用的神坛，也是通神的途径。整个器盖上的图像表现的是滇国的一次有关农业的祭祀活动，以及围绕这次祭祀开展的集市贸易、惩罚罪犯等内容。

Bronze cowrie container decorated with figures and a sacrificial scene

Western Han Dynasty (206 BC—8 AD)
Height: 38cm | cover diameter: 30cm
Excavated from the Shizhaishan site in Jinning District, Kunming, Yunnan
Collected by the Yunnan Provincial Museum

漆木跪坐女俑

:: 西汉（前206—公元8年）
:: 长24.8厘米 :: 高18.8厘米
:: 云南省昆明市官渡区羊甫头遗址出土
:: 云南省博物馆藏

◎ 漆木质地。跪坐于铜鼓上的妇人，双手放在膝上。鼓形座顶部饰一周联珠纹，中间束腰并饰斜线纹，后侧横出一条马腿。妇人头顶小铜鼓，银锭形发髻束于脑后，身着对襟长衣，衣饰水波纹，下着短裙，表现的是滇国贵族妇女形象，或认为是巫师。

Lacquered seated female figurine

Western Han Dynasty (206 BC–8 AD)
Length: 24.8cm | height: 18.8cm
Excavated from the Yangfutou site in Guandu District, Kunming, Yunnan
Collected by the Yunnan Provincial Museum

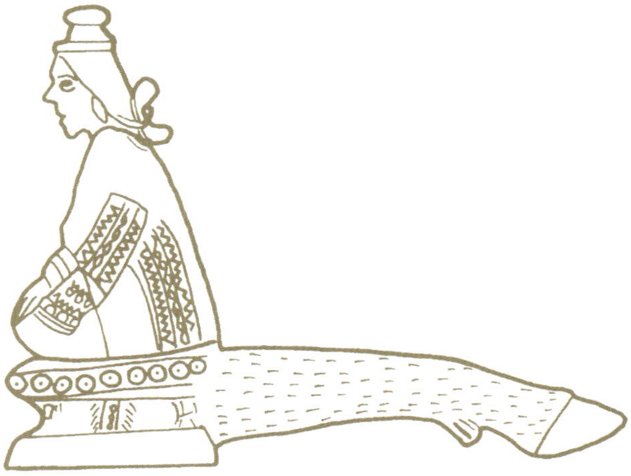

漆木人头形祖

:: 西汉（前206—公元8年）

:: 长22.6厘米 :: 高11.6厘米

:: 云南省昆明市官渡区羊甫头遗址出土

:: 云南省博物馆藏

◎ 漆木祖上的人头顶束发，耳戴两组耳玦，张口露齿，下颌前突，底部绘甲虫形图案，祖呈多棱形。羊甫头113号墓腰坑内共出土8件漆木祖，有水鸟衔鱼形、鹿头形、猪头形、兔头形、鹰爪形、牛头形、人首形、猴头形等。这样集中地出土祖形器，在考古史上还属少见。滇人的木雕工艺在这组祖形器上得以充分体现。关于这些祖形器的用途，多数学者认为是生殖崇拜的表现。还有些学者认为这些祖形器比例、尺寸适中并光滑利握，可能是实用的淫具。

Lacquered penis in the shape of a man's head

Western Han Dynasty (206 BC—8 AD)

Length: 22.6cm | height: 11.6cm

Excavated from the Yangfutou site in Guandu District, Kunming, Yunnan

Collected by the Yunnan Provincial Museum

剽牛祭祀铜扣饰

:: 西汉（前206—公元8年）
:: 长15.5厘米 :: 刃宽9.7厘米
:: 云南省玉溪市江川区李家山遗址出土
:: 云南省博物馆藏

◎此扣饰表现了剽牛祭祀前众人合力制服一牛的场面：右侧是顶部有立牛装饰的圆柱，旁边有一头巨牛，11人正力图制服它，有的人按伏牛背；有的人搭绳缚牛头；有的人挽住牛尾；有的人往牛柱上拴牛绳。其中一人的腿部被牛角戳穿悬于半空，另一人被牛踩倒在地，场面激烈，惊心动魄。这11个人装束一致，均头梳髻于顶，耳戴大耳环，腰佩圆扣饰，腿束带，跣足。滇国青铜器图像中，有几处反映剽牛祭祀仪式即将开始的场面。剽牛祭祀仪式大多是在巫师的主持和参与下进行的，牛是给神灵奉献的祭品，巫师的功能和职责是做沟通人与神之间的桥梁。近代云南少数民族，如傣族、景颇族、佤族等仍在举行剽牛祭祀活动，与古代滇国剽牛祭祀仪式十分相似。

Bronze buckle decorated with a sacrificial scene

Western Han Dynasty (206 BC—8 AD)
Length: 15.5cm | blade width: 9.7cm
Excavated from the Lijiashan site in Jiangchuan District, Yuxi, Yunnan
Collected by the Yunnan Provincial Museum

猎首纹铜剑

:: 战国（前475—前221年）
:: 长28.2厘米
:: 云南省玉溪市江川区李家山遗址出土
:: 云南省博物馆藏

◎此剑一字形剑格，鼓形剑首，剑柄及刃近格处饰浮雕人物：均头梳高髻，髻上有小圆形扣饰装饰，头顶着倒立的鼓，双目圆睁，张口露齿，耳佩大耳环，着对襟长衫，腰束带且饰圆形扣，双手佩戴宽边镯及钏，跣足。一人一手持刀，一手提人头；另一人双手上举，双足蹲立。图像反映了古滇人猎头习俗。据《魏书·僚传》记载：『其俗畏鬼神，尤尚淫祀。所杀之人美鬓髯者，必剥其面皮，笼之于竹。及燥，号之曰鬼，鼓舞祀之，以求福利。』僚是东汉时期对云南越人的一种称呼。滇国青铜器上有不少猎头图像。

Bronze sword decorated with figures hunting

Warring States Period (475 BC—221 BC)
Length: 28.2cm
Excavated from the Lijiashan site in Jiangchuan District, Yuxi, Yunnan
Collected by the Yunnan Provincial Museum

二牛交合铜扣饰

:: 西汉（前206—公元8年）
:: 长15.5厘米 :: 刃宽9.7厘米
:: 云南省玉溪市江川区李家山遗址出土
:: 云南李家山青铜器博物馆藏

◎扣饰上二牛做交合状，公牛体型较大，两后腿站立，两前腿紧伏于母牛背上，头依其腰部，双目圆鼓，嘴微张，尾夹于两后股间，腹部前倾做交合状；母牛体型较小，头前倾，与公牛配合默契。牛下方有一条蛇，口咬公牛之尾，尾绕母牛前足。背面有矩形齿扣。牛制作精细，牛身上毛纹清晰可见，神态生动。滇国居民十分重视牛的繁衍与生长，这件扣饰是生殖崇拜的表现。

Bronze buckle in the shape of oxen mating

Western Han Dynasty (206 BC—8 AD)
Length: 15.5cm | blade width: 9.7cm
Excavated from the Lijiashan site in Jiangchuan District, Yuxi, Yunnan
Collected by the Yunnan Lijiashan Bronze Museum

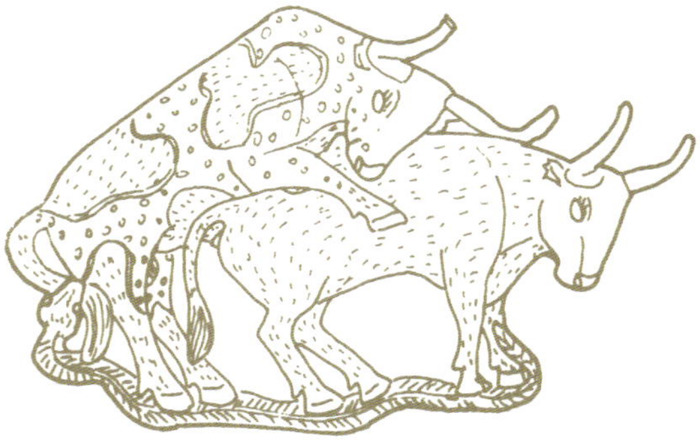

镀锡铜牛头

:: 西汉（前206—公元8年）

:: 长20厘米 :: 宽6厘米 :: 高5厘米

:: 云南省昆明市晋宁区石寨山遗址出土

:: 云南省博物馆藏

牛头铜饰，两眼圆睁，口微张，颈部很粗，两角向后上方弯曲，双耳平伸，头后部有用以穿系的圆孔，可见这件器物是用来挂在某器物上做装饰用的。用铜牛头随葬，用以显示财富。

Bronze ox head

Western Han Dynasty (206 BC—8 AD)

Length: 20cm | width: 6cm | height: 5cm

Excavated from the Shizhaishan site in Jinning District, Kunming, Yunnan

Collected by the Yunnan Provincial Museum

铜鱼杖头

∷西汉（前206—公元8年）
∷长26厘米∷宽9厘米
∷云南省昆明市晋宁区石寨山遗址出土
∷云南省博物馆藏

◎一组两件，鱼形，头部较尖长，尾分作两叉，半圆形鱼鳞，腹下一銎做圆形。这种鱼头杖饰在大型墓中成对放置在戈、矛、棒、锤等长柄兵器和仪仗器中，当属专用的仪仗器。滇国墓葬中发现过数量较多的木杖遗迹，杖的上端均有圆雕铜饰，其中有人物、动物、飞禽、鱼、蛇等，制作十分精致。

Bronze stick heads in the shape of fishes

Western Han Dynasty (206 BC—8 AD)
Length: 26cm | width: 9cm
Excavated from the Shizhaishan site in Jinning District, Kunming, Yunnan
Collected by the Yunnan Provincial Museum

在滇国的祭祀活动中，铜鼓是必备之物。铜鼓是一种青铜铸造的礼乐器，广泛流行于中国南方和东南亚的稻作民族之中，基本特征是中空无底，平面曲腰，通体皆铜，侧有四耳。世界上现知最早的铜鼓出自楚雄万家坝古墓群，时代约为春秋。铜鼓不仅仅是一种乐器，更是财富和权力的象征，它既是祭祀中沟通神灵的礼器，又是王侯贵族用来夸示富贵、炫耀权势、分别尊卑的重器。在现代云南一些少数民族宗教祭祀活动中，铜鼓仍必不可少。

万家坝型铜鼓

:: 春秋晚—战国（公元前475—前221年）

:: 面径41厘米 :: 腰径43厘米 :: 足径59.3厘米 :: 高39厘米

:: 云南省楚雄市万家坝遗址出土

:: 云南省博物馆藏

◎ 万家坝型铜鼓鼓面小，胸部突出，胸径大于面径，纹饰简单，鼓面有太阳纹，无主晕纹，胴、足部素面，是最早、最原始的铜鼓。此鼓鼓面有太阳纹十八芒，其中三芒不规则，芒外一弦纹，腰部被叉头形垂线纵分为十七格。近足处云雷纹一周，内壁有四菱形网状纹，网四角带卷云纹。四扁耳。鼓身两道合范线，带烟熏痕，足内有折边。

Bronze drum

Late Spring and Autumn—Warring States Period (475 BC—221 BC)

Face diameter: 41cm | waist diameter: 43cm | foot diameter: 59.3cm | height: 39cm

Excavated from the Wanjiaba site in Chuxiong, Yunnan

Collected by the Yunnan Provincial Museum

船纹铜鼓

:: 战国（前6世纪末—前221年）
:: 高30.5厘米 :: 面径40厘米
:: 云南省玉溪市江川区李家山遗址出土
:: 云南省博物馆藏

◎铜鼓鼓面十二芒，胴部饰船纹，腰部分八格，格内饰羽人舞蹈纹、牛纹。此鼓出土时与类似的另一鼓上下相合，下鼓内盛满贝，当是作为贮贝器的代用品。贮贝器与铜鼓都是古代滇国贵族的重要礼乐器。鼓内盛贝，意味着铜鼓作为礼器的功能已逐渐被贮贝器所取代。

Bronze drum

Warring States Period (late 6th century BC—221 BC)
Height: 30.5cm | face diameter: 40cm
Excavated from the Lijiashan site in Jiangchuan District, Yuxi, Yunnan
Collected by the Yunnan Provincial Museum

滇人敲击铜鼓图

诅盟铜贮贝器上敲击铜鼓、錞于的场景

杀人祭鼓铜贮贝器

:: 西汉（前206—公元8年）
:: 高30厘米 :: 盖径32厘米
:: 云南省昆明市晋宁区石寨山遗址出土
:: 云南省博物馆藏

◎该器由铜鼓改造而成，有底有盖，胴部及腰间有三角齿纹。盖子上铸有三十二人、三匹马、一头牛、一只狗，中央铸有大小三个铜鼓重叠。有一位乘坐二人肩舆的贵族妇女，可能是主持祭祀仪式的女性贵族。地上仰卧一人，头已被砍去，当是被杀祭铜鼓者。铜鼓旁跪坐一人、木桩上绑一人当为等待祭祀的牺牲。此贮贝器盖上的内容与同地出土的『杀人祭柱铜贮贝器』、江川李家山出土的『祭祀铜贮贝器』表现内容相似，都与『籍田』之类的农业祭祀活动有关。

Bronze cowrie container decorated with figures and a sacrificial scene

Western Han Dynasty (206 BC—8 AD)
Height: 30cm | cover diameter: 32cm
Excavated from the Shizhaishan site in Jinning District, Kunming, Yunnan
Collected by the Yunnan Provincial Museum

肆 兵戈烽火

滇人与昆明人的战争几乎贯穿了滇国历史的全过程。昆明人是分布在滇西一带的游牧民族，他们的活动范围西自怒江以东，东至楚雄、禄丰一带，北抵金沙江沿岸（有的越过金沙江至木里、盐源等地），南达保山、临沧地区。他们梳长辫，随畜迁徙，“夏处高山，冬入深谷”，以放牧为生。每逢冬季牧草枯黄，他们就向滇池区域逼近，劫掠附近的农耕民族。

面对昆明人的压力，滇人与周围劳浸、靡莫等中小部落组成了一种“同姓相扶”的联盟体，“滇”就是其中势力最大者。

叠鼓形战争场面铜贮贝器

:: 西汉（前206—公元8年）
:: 盖径33厘米 :: 高53.9厘米
:: 云南省昆明市晋宁区石寨山遗址出土
:: 云南省博物馆藏

贮贝器由两个铜鼓上下重叠而成，有底有盖。两鼓器身纹饰相同：胴部饰6组羽人、船纹，腰部饰牛、羽人舞纹。盖上铸有立体的战争场面：共塑人物22人，一方是椎髻的滇国将士，有骑兵，亦有步兵，装备精良，作战勇猛；另一方为辫发的昆明人，多属步兵，装备不及滇国将士，有的已被砍去头颅，有的被击倒在地做挣扎状，有的跪地求饶，有的双手被缚成了俘虏。其实昆明人也是一个比较强悍的民族，控制着古代云南西部的大片土地，以『善盗寇』而著名，汉通蜀身毒道即因昆明人的阻挡未能成行。也许因为该贮贝器是滇国工匠秉承滇国王侯贵族的意志制作的，所以总是把自己描绘成当然的胜利者。

Bronze lid of a cowrie container decorated with figures fighting

Western Han Dynasty (206 BC—8 AD)
Cover diameter: 33cm | height: 53.9cm
Excavated from the Shizhaishan site in Jinning District, Kunming, Yunnan
Collected by the Yunnan Provincial Museum

滇人捆缚昆明人俘虏场面

滇人骑士追杀倒地的昆明人

向滇人跪地求饶的编发昆明人

被洗劫一空的昆明人裸体无头尸体

战争场面铜贮贝器盖

:: 西汉（前206—公元8年）
:: 盖径30厘米 :: 高12厘米
:: 云南省昆明市晋宁区石寨山遗址出土
:: 云南省博物馆藏

◎此器盖铸有十三个人物，中央是一名骑士，通体鎏金，当为主将，戴盔贯甲，束带佩剑，左手控缰，右手持矛下刺，马颈下挂着一个人头，为斩获的敌人首级。马后方一人扑地，裸体无头；一人右手执剑前刺，左手持盾护身；马前方仰卧一人，披发，仰卧者外侧三人，皆持盾执剑做刺杀状。骑士后方有奔跑者三人，皆穿甲佩剑，其中一人提人头，另一人执盾牌，持盾者之左后方一人倒地，另一人足踏其背，手抓其辫，做刺杀状。此人前又有三人，其中两人披甲佩剑，一人右手拔剑，左手前伸做捕捉状。滇国时期经常发生战争，滇人作战的目的或是掠夺奴隶、抢劫财物；或是占领对方土地，以使其民进贡纳献，或役使其民从事劳动。这件器盖出土时，器身为一铜洗，下附三足架。洗内贮贝，盖大于洗，估计原器身入土时已缺，此洗当为入葬时后配的。据研究，此器盖很可能就是现藏于中国国家博物馆的『贡纳场面铜贮贝器』的盖子。

Bronze lid of a cowrie container decorated with figures fighting

Western Han Dynasty (206 BC—8 AD)
Cover diameter: 30cm | height: 12cm
Excavated from the Shizhaishan site in Jinning District, Kunming, Yunnan
Collected by the Yunnan Provincial Museum

鎏金掳掠铜扣饰

:: 西汉（前206—公元8年）
:: 盖径30厘米 :: 高12厘米
:: 云南省昆明市晋宁区石寨山遗址出土
:: 云南省博物馆藏

◎ 此扣饰反映的是两个滇族武士与滇西昆明人作战后满载战利品凯旋的情景：一个武士戴覆面式头盔，穿高领甲，戴宽边镯，跣足，左手提人头，右手牵绳，其后拴着一个背小孩的妇女及一牛二羊；另一个武士肩扛靴形斧，左手提人头，服饰与前一武士相同，足下是一被砍去头颅的昆明人男性尸体。从扣饰表现的内容看，滇国武士头盔、颈甲、胸甲、背甲、臂甲等都已经齐全，覆面式头盔的出现应是接受了外域文化的影响。江川李家山还出土了腿甲。

Gilded bronze buckle showing men stealing cattle

Western Han Dynasty (206 BC—8 AD)
Cover diameter: 30cm | height: 12cm
Excavated from the Shizhaishan site in Jinning District, Kunming, Yunnan
Collected by the Yunnan Provincial Museum

圆圈纹铜头箍

:: 战国（前475—前221年）
:: 通长58厘米 :: 宽2.8—3.3厘米 :: 厚0.2厘米
:: 云南省大理州剑川县沙溪镇鳌凤山遗址出土
:: 云南省博物馆藏

◎ 头箍由铜片弯曲成椭圆形。一端开口，铜片两端各穿一个直径0.5厘米的圆孔。环面外侧饰同心圆纹。发现时开口向前，戴于死者头部。

Bronze headband

Warring States Period (475 BC—221 BC)
General length: 58cm | width: 2.8—3.3cm | thickness: 0.2cm
Excavated from the Aofengshan site in Shaxi Town, Jianchuan County, Dali Prefecture, Yunnan
Collected by the Yunnan Provincial Museum

贡纳场面铜贮贝器上的戴铜头箍的昆明人形象

铜钺

::战国（前475—前221年）
::长21厘米::宽8厘米
::云南省大理州剑川县沙溪镇鳌凤山遗址出土
::云南省博物馆藏

通体扁平，刃做圆弧形，阑侧一穿。内做扁平长方形。

Bronze battle axe

Warring States Period (475 BC—221 BC)
Length: 21cm | width: 8cm
Excavated from the Aofengshan site in Shaxi Town, Jianchuan County, Dali Prefecture, Yunnan
Collected by the Yunnan Provincial Museum

祥云大波那铜棺

:: 战国（前475—前221年）
:: 高79厘米 :: 长234厘米 :: 宽76.5厘米
:: 云南省大理州祥云县大波那村出土
:: 云南省博物馆藏

◎此铜棺由七块铜板用榫卯结合而成。棺盖用两块铜板做成『人』字形坡，饰雷纹组成的图案。两侧板饰雷纹，头、尾挡饰以鹰、燕、虎、豹、猪、鹿、水鸟等飞禽走兽及蜥蜴等，造型古朴，纹饰有趣。中国青铜时代完整的铜棺目前仅见此一具。在云南出土的青铜器中，它也是最大的一件。各块铜板均为一次性铸成。铸造这种大型铸件，要求范有较高的强度和透气性，同时铜液要连续不断地注入。故浇铸时需要许多坩埚同时熔炼铜液。这件铜棺反映了战国早期云南铸造铜器的技术已达到了相当高的水平，治铜作坊也达到了较大的规模。

Bronze coffin

Warring States Period (475 BC—221 BC)
Height: 79cm | length: 234cm | width: 76.5cm
Excavated from Dabona Village, Xiangyun County, Dali Prefecture, Yunnan
Collected by the Yunnan Provincial Museum

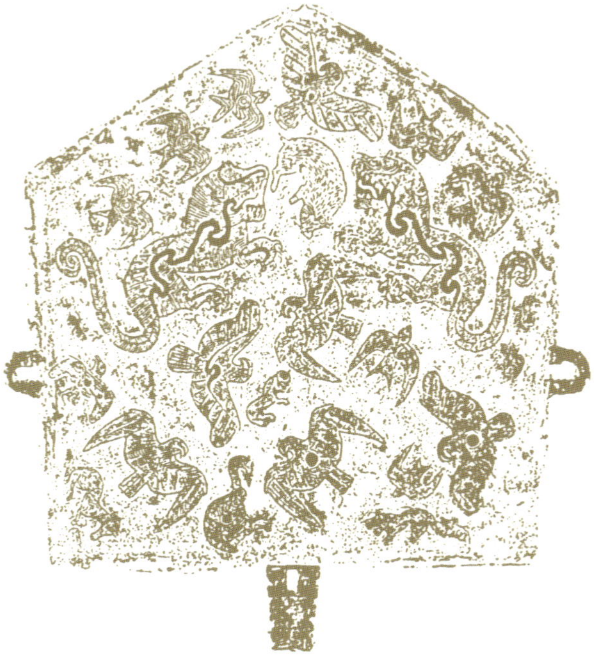

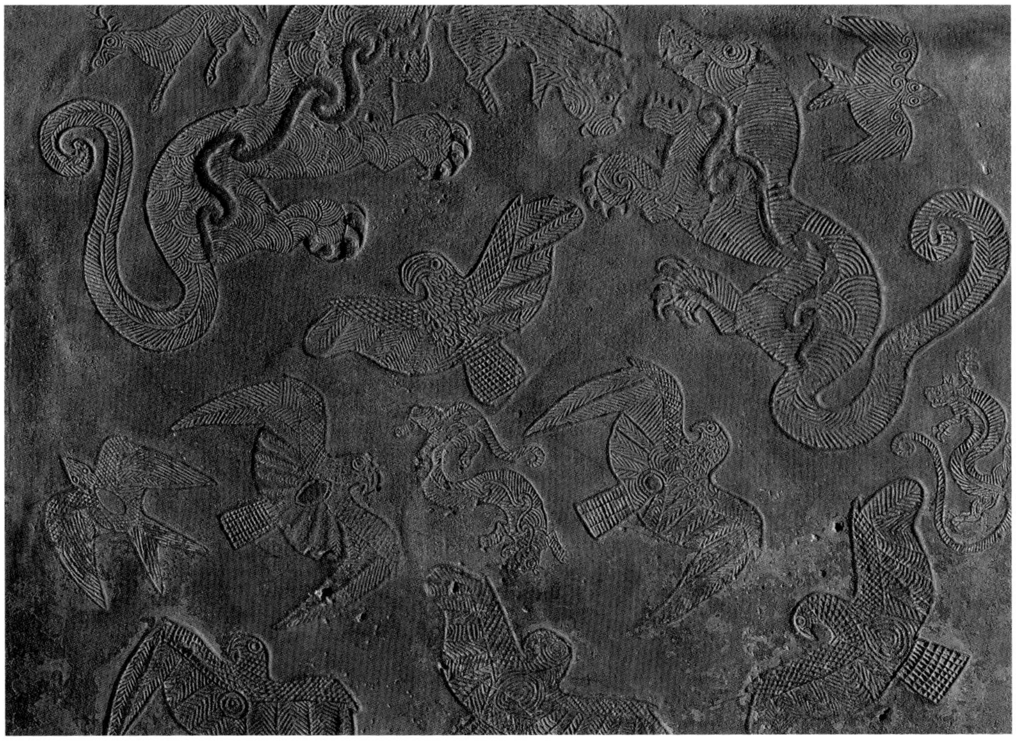

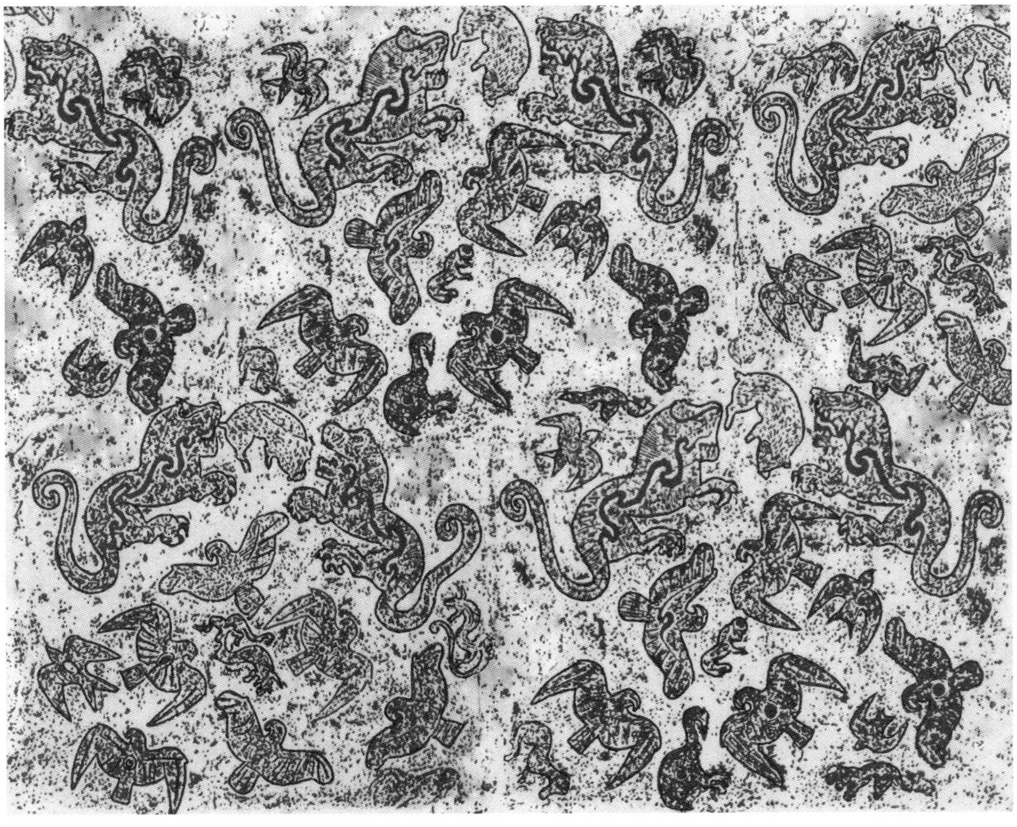

滇人的武装精良，可分为五类：第一类为勾刺类兵器，主要有铜戈、铜矛、铜叉，铜啄和铜剑等；第二类为砍劈类兵器，有铜斧、铜锤和铜戚；第三类较为奇特，其他地区尚未出土过类似的兵器，有铜狼牙棒、八棱形铜棒及镂空铜锤；第四类则是远射类兵器，例如铜弩、铜镞和弓等；第五类为防护类兵器，有铜盔、各类铜甲和盾牌。其他还有特制的仪仗器，造型独特，带有髹漆的木柲，说明它们不是实用器，而是权威的象征，为滇国的王侯贵族们所拥有。

手形銎铜戈

:: 西汉（前206—公元8年）
:: 长26.2厘米 :: 刃宽9厘米
:: 云南省玉溪市江川区李家山遗址出土
:: 云南李家山青铜器博物馆藏

◎铜戈整体铸成手握短剑形。手及腕臂中空做銎，略呈方形，后端略宽。剑腊做援，直而扁平，尖锋稍圆，后部有一圆孔。内上沿出刃，銎部手背上有菱形纹，刃、锋稍残，表面镀锡。此戈可能专做仪仗器使用，装柄后如操生杀权力之手，持利剑高悬于芸芸众生之上。整个器物构思巧妙，造型奇特，集装饰效果与实用功能于一体，为中国青铜器所罕见，显示了滇人的丰富想象力，是滇文化的艺术珍品。

Bronze dagger-axe with a human shaped handle

Western Han Dynasty (206 BC—8 AD)
Length: 26.2cm | blade width: 9cm
Excavated from the Lijiashan site in Jiangchuan District, Yuxi, Yunnan
Collected by the Yunnan Lijiashan Bronze Museum

二兽争鱼铜戈

:: 西汉（前206—公元8年）
:: 长30厘米 :: 宽16.5厘米 :: 銎径2.7厘米
:: 云南省昆明市晋宁区石寨山遗址出土
:: 云南省博物馆藏

◎铜戈銎做扁圆形，援直，前端收为尖峰。銎和援饰回旋纹、菱形回纹，銎背上焊铸二只水獭，相向而立，争夺一条鱼。戈上雕铸如此生动有趣的动物，应为仪仗用器。

Bronze dagger-axe decorated with two otters fighting for a fish

Western Han Dynasty (206 BC—8 AD)
Length: 30cm | width: 16.5cm | diameter of hole on axe: 2.7cm
Excavated from the Shizhaishan site in Jinning District, Kunming, Yunnan
Collected by the Yunnan Provincial Museum

举手人纹铜戈

∷西汉（前206—公元8年）
∷长26.5厘米∷宽12.2厘米
∷云南省昆明市晋宁区石寨山遗址出土
∷云南省博物馆藏

◎铜戈无胡，有两穿，隔突出，内上一方孔。援微曲，前端构成三角形尖峰，援末及内上有举手人纹，援上有一圆孔，周围由横线纹组成图案，圆孔至援头有一条凸棱。举手人纹舞蹈在滇青铜器图像中常见，大概与『蛙舞』『生殖崇拜』等有关。

Bronze dagger-axe with an engraved motif

Western Han Dynasty (206 BC—8 AD)
Length: 26.5cm | width: 12.2cm
Excavated from the Shizhaishan site in Jinning District, Kunming, Yunnan
Collected by the Yunnan Provincial Museum

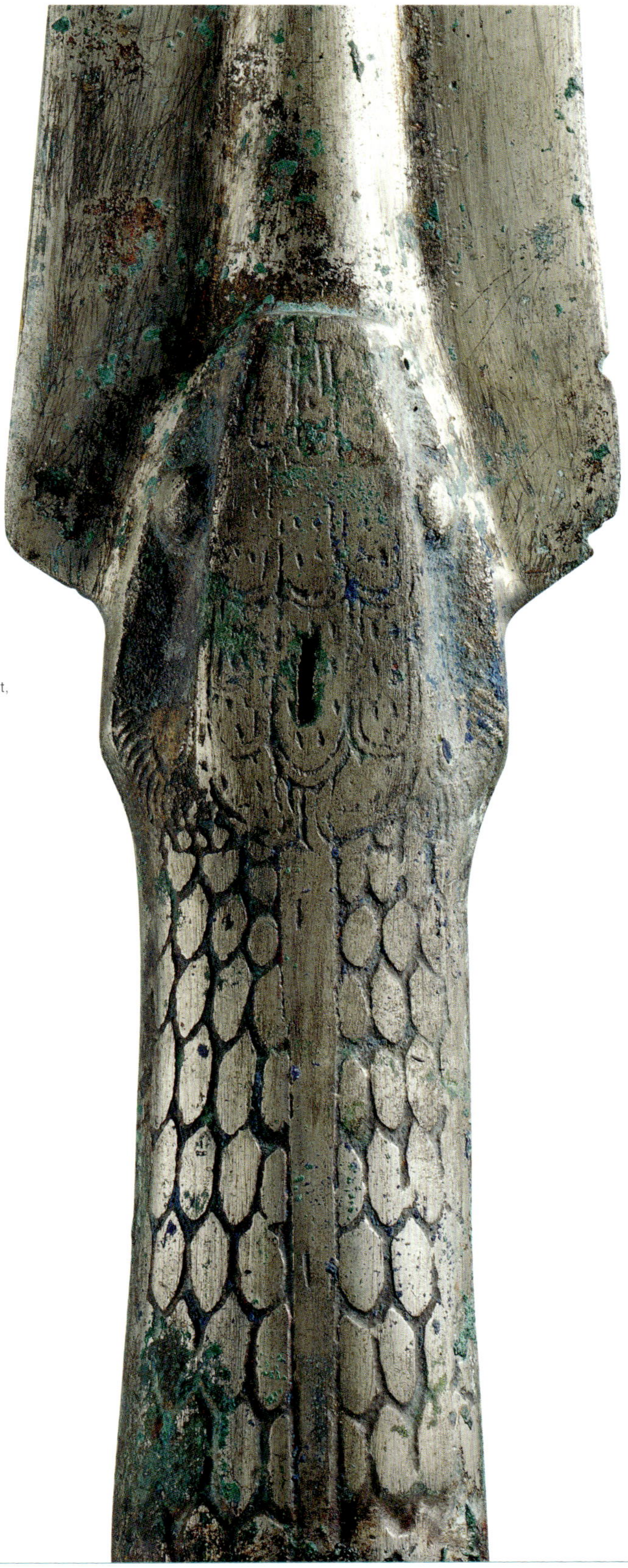

蛇形铜叉

:: 西汉（前206—公元8年）
:: 长29厘米
:: 云南省玉溪市江川区李家山遗址出土
:: 云南李家山青铜器博物馆藏

此叉属仪仗兵器，表面镀锡。器做蛇头形，叉体犹如蛇口吐出的蛇信。椭圆筒状銎，饰鳞纹。叉是滇国特有的一种兵器，与矛的用途相同，均用以直刺，因其前锋分叉呈双尖状，杀伤力更大。

Bronze fork in the shape of a snake's head

Western Han Dynasty (206 BC—8 AD)
Length: 29cm
Excavated from the Lijiashan site in Jiangchuan District, Yuxi, Yunnan
Collected by the Yunnan Lijiashan Bronze Museum

立兽铜啄

::西汉（前206—公元8年）
::长24.5厘米::宽5.8厘米::銎径3厘米
::云南省昆明市晋宁区石寨山遗址出土
::云南省博物馆藏

◎整体似有长啄的鸟头，銎横置于刃部之上，形成『丁』字形。刺细长，呈四棱形椎体，前锋尖锐，銎较短，銎上焊铸有一四足立兽。使用时可像铜戈一样钩杀，是滇国特有的兵器。

Bronze stick decorated with a beast on the handle

Western Han Dynasty (206 BC—8 AD)
Length: 24.5cm | width: 5.8cm | diameter of hole on axe: 3cm
Excavated from the Shizhaishan site in Jinning District, Kunming, Yunnan
Collected by the Yunnan Provincial Museum

带鞘铜剑

∷西汉（公元前206—公元8年）
∷长32.1厘米∷宽6.4厘米
∷云南省昆明市官渡区羊甫头遗址出土
∷云南省博物馆藏

◎这柄铜剑为空心束腰圆茎，一字格。剑鞘束腰镂空，平面略呈梯形，正面铸回旋纹、三角齿纹，背面上方有二鼻穿以便系挂。剑属短兵器。为古代贵族和战士随身佩带用以自卫防身之器。滇文化发现有大量的青铜短剑，但铜鞘并不多见，因为鞘多为木质或皮质，未能保存下来。

Bronze sword with a sheath

Western Han Dynasty (206 BC—8 AD)
Length: 32.1cm | width: 6.4cm
Excavated from the Yangfutou site in Guandu District, Kunming, Yunnan
Collected by the Yunnan Provincial Museum

带鞘铜柄铁剑

:: 战国（前475—前221年）
:: 长68.5厘米
:: 云南省玉溪市江川区李家山遗址出土
:: 云南省博物馆藏

剑柄为铜质，剑身为铁质。铜柄为空心扁圆茎，茎上圆点纹。长格，格下端分三叉，两侧各有三圆钉，格上两面铸圆点纹和圆圈纹。剑身细长，附有铜鞘头。此剑形制与巴蜀所出土者颇为一致，应该是外来的。滇人自制的铜柄铁剑以短剑为主。

Iron sword with a bronze handle

Warring States Period (475 BC—221 BC)
Length: 68.5cm
Excavated from the Lijiashan site in Jiangchuan District, Yuxi, Yunnan
Collected by the Yunnan Provincial Museum

蛇柄铜剑

:: 西汉（前206—公元8年）
:: 长32.5厘米 :: 宽6.8厘米
:: 云南省昆明市晋宁区石寨山遗址出土
:: 云南省博物馆藏

◎ 一字格剑。剑茎空心，做蛇头形，表面有鳞片纹，蛇口张开，露出牙齿。剑身基部较宽，双刃平直斜集于锋。此类剑的剑身较短，多用于防身，在战斗中很少使用。

Bronze sword with a snake-shaped handle

Western Han Dynasty (206 BC—8 AD)
Length: 32.5cm | width: 6.8cm
Excavated from the Shizhaishan site in Jinning District, Kunming, Yunnan
Collected by the Yunnan Provincial Museum

镶石柄铜剑

:: 西汉（前206—公元8年）
:: 长34厘米 :: 宽4.5厘米
:: 云南省昆明市晋宁区石寨山遗址出土
:: 云南省博物馆藏

◎剑身做细长三角形，在基部成钝角内折而与茎相接。茎做束腰空心扁圆体，茎首伸出成管状，茎上镶嵌绿松石片的『S』型、线型装饰纹样。

Bronze sword with a snake-shaped handle

Western Han Dynasty (206 BC—8 AD)
Length: 34cm | width: 4.5cm
Excavated from the Shizhaishan site in Jinning District, Kunming, Yunnan
Collected by the Yunnan Provincial Museum

压花牛首纹金剑鞘饰

:: 西汉（前206—公元8年）
:: 通长49厘米 :: 宽4.5—9.5厘米
:: 云南省昆明市晋宁区石寨山遗址出土
:: 云南省博物馆藏

剑鞘金饰由三段组成，每段均有压印图案及纹饰。上段由凸起的牛首形和麦穗等纹饰构成。中段由三小节组成，每节皆饰凸起的折线纹，下段饰凸起的圆圈纹、连续回旋纹及麦穗纹。

Gold sheath ornaments decorated with ox head designs

Western Han Dynasty (206 BC—8 AD)
General length: 49cm | width: 4.5—9.5cm
Excavated from the Shizhaishan site in Jinning District, Kunming, Yunnan
Collected by the Yunnan Provincial Museum

铜钺

:: 战国（前475—前221年）
:: 长约20厘米 :: 宽约12厘米
:: 云南省博物馆旧藏

钺是砍劈类兵器，多见于商周时期的中原地区，除作兵器外，也用于仪仗和刑具。这件钺圆形刃，有简单的线条纹饰，銎较扁平，銎上有平行线纹。

Bronze battle axe

Warring States Period (475 BC—221 BC)
Length about 20cm | width about 12cm
Collected by the museum that preceded the Yunnan Provincial Museum

石范

::战国（前475—前221年）
::长21厘米::宽10.5—13厘米::厚4.8厘米
::云南省大理州剑川县沙溪镇鳌凤山遗址出土
::云南省博物馆藏

◎这套石范为斧、钺范，两两扣合，整体呈椭圆体，范内壁刻出斧形凹槽，一端外侧刻有合缝线一道。

Stone mould

Warring States Period (475 BC—221 BC)
Length: 21cm | width: 10.5—13cm | thickness: 4.8cm
Excavated from the Aofengshan site in Shaxi Town, Jianchuan County, Dali Prefecture, Yunnan
Collected by the Yunnan Provincial Museum

战国秦汉时期，云南的青铜器铸造、加工工艺日臻成熟。铸造的范型材料有石范、泥范、陶范、铜范等。范铸法的工艺大致是：先制成欲铸器物的模型，再根据模型翻制出铸件外廓的铸型，即外范，后将熔化的铜液注入范内空隙，铜液冷却后，除去外范即得实心器物。铸造空心容器还要制一个体积与容器内腔相当的内范，然后使内外范套合，中间的空隙即为欲铸器物的厚度，将熔化的铜液注入此空隙内，除去内外范即得欲铸器物。

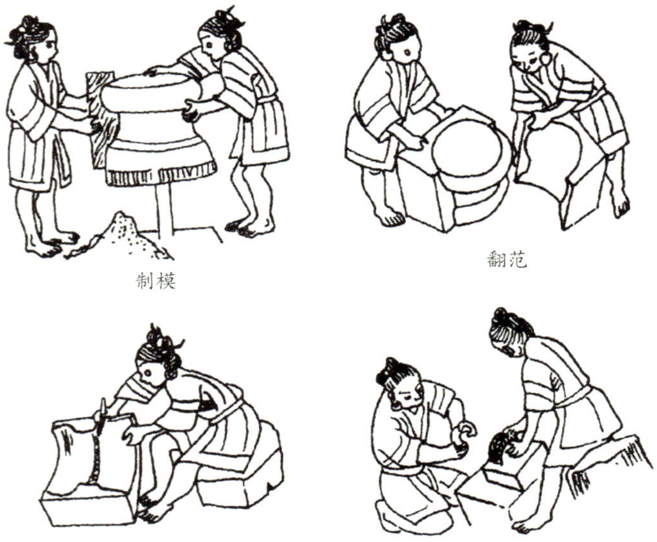

范模铸造工艺示意图

滇青铜艺术现实主义的表现手法是建立在滇人卓越的失蜡法铸造技术之上的。失蜡法最早出现在西亚和埃及地区，中国的失蜡法最迟出现在春秋早、中期，目前已知年代最早的失蜡铸件是河南淅川下寺出土的春秋晚期的铜禁和铜盏（约前 6 世纪）。云南最早的失蜡法铸件出现在战国时期，江川李家山出土的剽牛祭祀铜扣饰等就是失蜡法制成的。石寨山第 12 号墓出土的诅盟贮贝器盖上竟然有 127 个捏蜡人物饰件，无不具体入微、形象生动，显示出滇人高超的熔模铸造技艺。

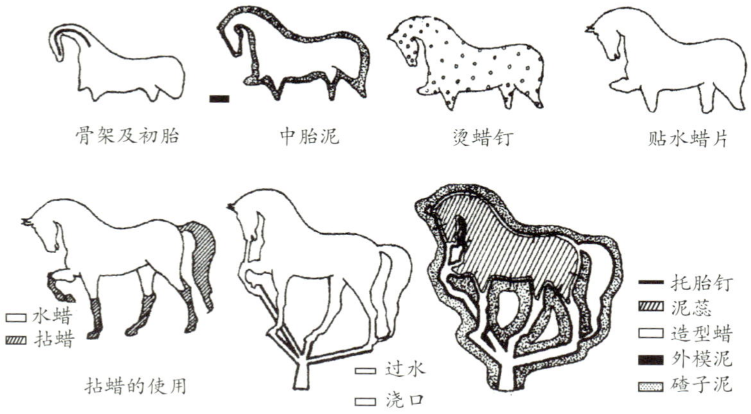

失蜡法工艺示意图

雉饰铜斧

:: 西汉（前206—公元8年）

:: 长15厘米

:: 云南省昆明市晋宁区石寨山遗址出土

:: 云南省博物馆藏

铜斧斧身细长，双面弧刃，扁圆銎。銎饰绳纹、兽头纹、云纹、太阳纹组合图案。銎背雕铸一只立雉，昂首举目，神态自若。

Bronze axe decorated with a pheasant

Western Han Dynasty (206 BC—8 AD)

Length: 15cm

Excavated from the Shizhaishan site in Jinning District, Kunming, Yunnan

Collected by the Yunnan Provincial Museum

四兽铜斧

::西汉（前206—公元8年）
::长15厘米::宽14.5厘米::銎径2.5厘米
::云南省昆明市晋宁区石寨山遗址出土
::云南省博物馆藏

Bronze axe decorated with four animals

Western Han Dynasty (206 BC—8 AD)
Length: 15cm | width: 14.5cm | diameter of hole on axe: 2.5cm
Excavated from the Shizhaishan site in Jinning District, Kunming, Yunnan
Collected by the Yunnan Provincial Museum

◎铜斧斧身略做长方形，中段收细，刃略有弧度，刃上有三角形凹槽。銎做管状扁圆体，与斧身交成「T」字形，銎两面饰有回旋纹、太阳纹，焊铸兽形四只，中间两只背向而坐，两端两只相向而卧。

蝉纹銎铜斧

:: 西汉（前206—公元8年）
:: 长16.3厘米 :: 刃宽8厘米
:: 云南省玉溪市江川区李家山遗址出土
:: 云南李家山青铜器博物馆藏

◎ 铜斧为半圆筒状銎，刃部略做三角形，扁平，单面刃。正面浮雕蝉纹，头部饰鳞纹，刃部两侧及銎背面饰雷纹。器形奇特，装饰精美，表面镀锡，发现于大型墓内，是专做祭祀或仪仗等用的礼仪器。

Bronze axe decorated with an insect

Western Han Dynasty (206 BC—8 AD)
Length: 16.3cm | blade width: 8cm
Excavated from the Lijiashan site in Jiangchuan District, Yuxi, Yunnan
Collected by the Yunnan Lijiashan Bronze Museum

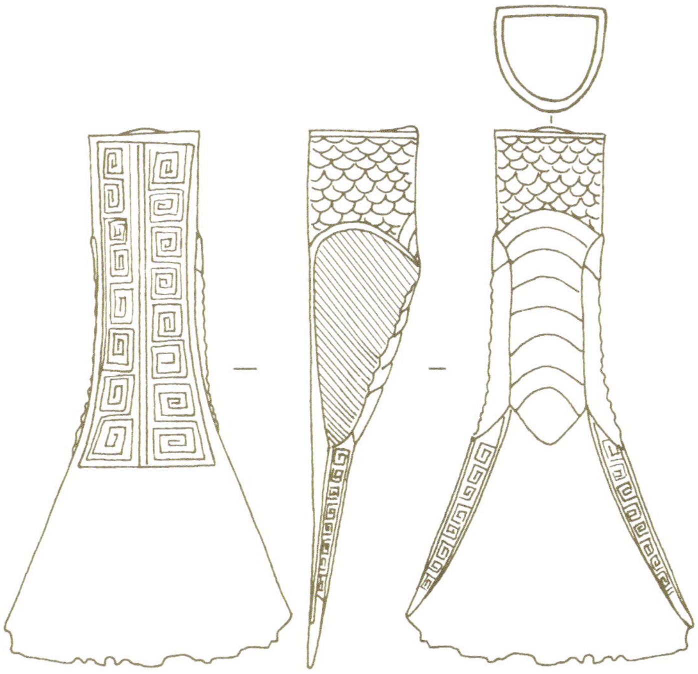

鱼尾铜斧

:: 西汉（前206—公元8年）
:: 长17厘米 :: 宽9厘米 :: 高3厘米 :: 銎径5厘米
:: 云南省昆明市晋宁区石寨山遗址出土
:: 云南省博物馆藏

◎ 这件铜斧整体做鱼尾形，銎做扁圆形，铸有鱼鳞纹，刃做尾鳍，刃口齐平。

Bronze axe in the shape of a fishtail

Western Han Dynasty (206 BC—8 AD)
Length: 17cm | width: 9cm | height: 3cm | diameter of hole on axe: 5cm
Excavated from the Shizhaishan site in Jinning District, Kunming, Yunnan
Collected by the Yunnan Provincial Museum

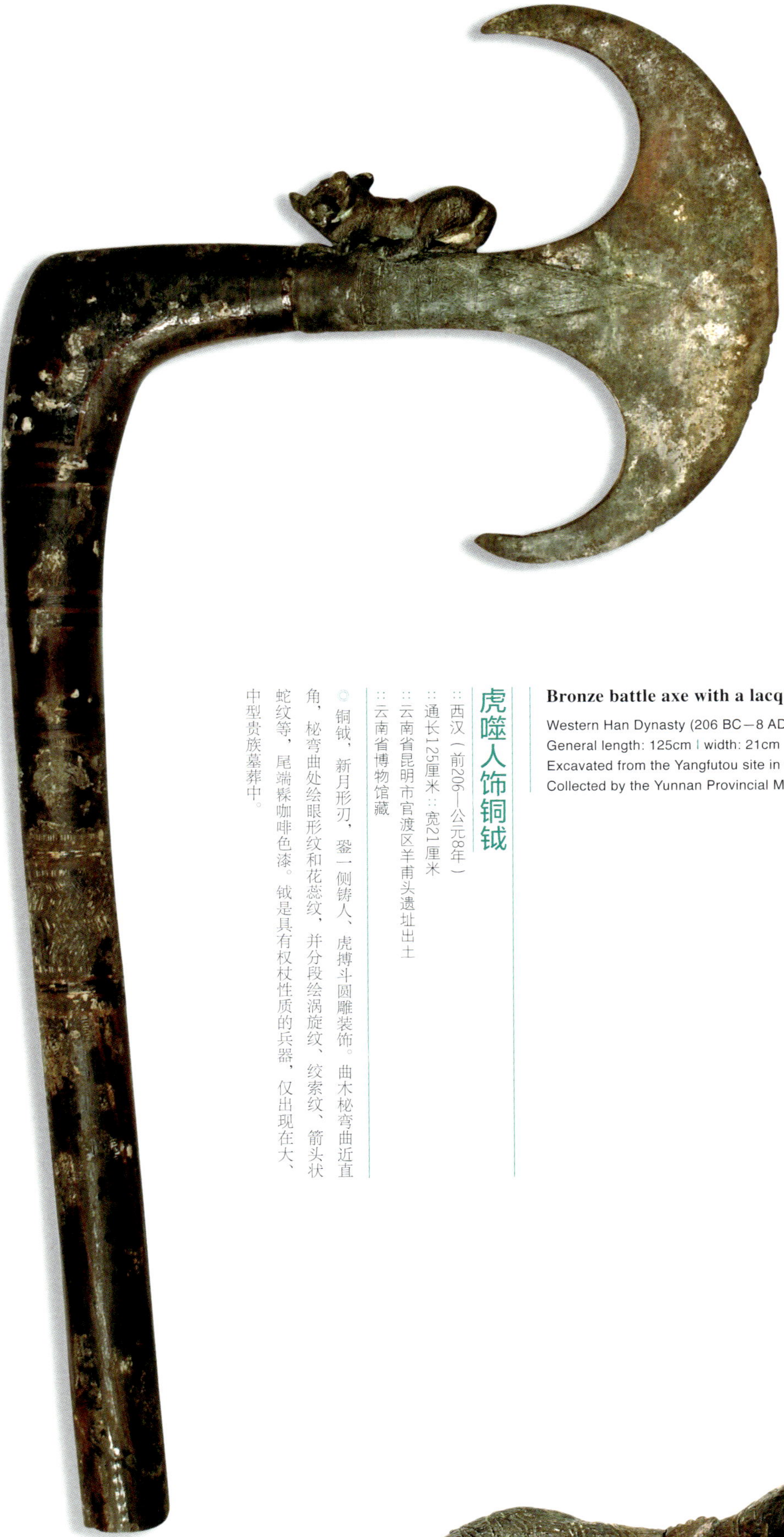

虎噬人饰铜钺

:: 西汉（前206—公元8年）
:: 通长125厘米 :: 宽21厘米
:: 云南省昆明市官渡区羊甫头遗址出土
:: 云南省博物馆藏

◎ 铜钺，新月形刃，銎一侧铸人、虎搏斗圆雕装饰。曲木柲弯曲近直角，柲弯曲处绘眼形纹和花蕊纹，并分段绘涡旋纹、绞索纹、箭头状蛇纹等，尾端髹咖啡色漆。钺是具有权杖性质的兵器，仅出现在大、中型贵族墓葬中。

Bronze battle axe with a lacquered handle

Western Han Dynasty (206 BC—8 AD)
General length: 125cm | width: 21cm
Excavated from the Yangfutou site in Guandu District, Kunming, Yunnan
Collected by the Yunnan Provincial Museum

不对称形铜钺

:: 战国（前475—前221年）
:: 长12.2厘米 :: 宽9厘米
:: 云南省博物馆旧藏

◎铜钺不对称，銎口扁，形制特殊。不对称形钺起源于云南和越南北部、中部。随后传播到两广、湖南、中南半岛各国、印尼等，流行于战国至西汉。这种器物的用途一是兵器，由斧、钺类分化而来；二是用于宗教活动中，常和盾牌一起成为人们表演战舞或举行宗教仪式的『道具』。

Bronze battle axe

Warring States Period (475 BC—221 BC)
Length: 12.2cm | width: 9cm
Collected by the museum that preceded the Yunnan Provincial Museum

立兽铜戚

∷战国（前475—前221年）

∷长19.8厘米

∷云南省玉溪市江川区李家山遗址出土

∷云南省博物馆藏

戚为砍劈类兵器，滇国兵器中铜戚的数量较少，有的装木柄，也有少量为铜柄，与戚刃连铸在一起，銎部多雕铸有动物。这件铜戚为椭圆形銎，銎侧有一个兽形钮，兽做低头、卷尾觅食状。圆形刃，通体无纹饰。

Bronze *Qi* (a weapon) with an animal-shaped knob

Warring States Period (475 BC—221 BC)

Length: 19.8cm

Excavated from the Lijiashan site in Jiangchuan District, Yuxi, Yunnan

Collected by the Yunnan Provincial Museum

立犬铜狼牙棒

:: 西汉（前206—公元8年）
:: 长52.6厘米
:: 云南省玉溪市江川区李家山遗址出土
:: 云南李家山青铜器博物馆藏

◎ 棒做八棱柱形，圆銎，下端稍细，其上铸有规则的锥刺，顶端雕铸立犬，尾上卷，做警视状，表面镀锡。出自大型男性墓内，与狼牙刺棒、镂空锤共出，属专用的仪仗器，可能由刑具演化而来。狼牙棒是滇国特有的一种青铜兵器，器形及结构均较奇特，即在木棒的上端装圆形或八棱形铜棒头，棒上有排列整齐的锥刺，似锐利的牙齿，故名『狼牙棒』。棒身锥刺主要是为击打时增强其杀伤力而设置的。

Bronze wolf-teeth club decorated with a standing dog

Western Han Dynasty (206 BC—8 AD)
Length: 52.6cm
Excavated from the Lijiashan site in Jiangchuan District, Yuxi, Yunnan
Collected by the Yunnan Lijiashan Bronze Museum

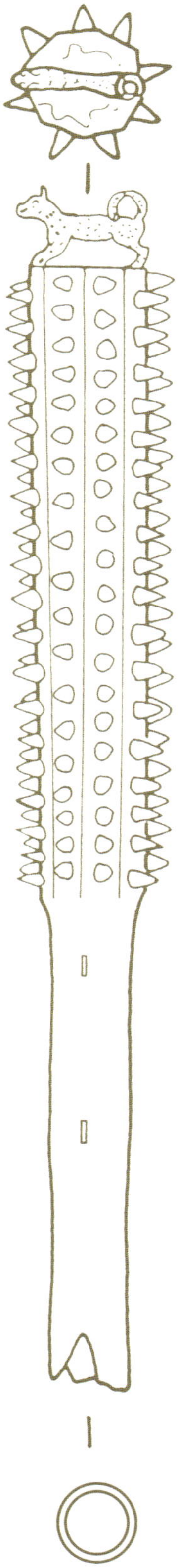

铜殳

:: 战国（前475—前221年）

:: 长32厘米

:: 云南省玉溪市江川区李家山遗址出土

:: 云南省博物馆藏

◎此器为矛头与狼牙棒合铸为一体，棒做八棱形，表面有排列整齐的锥刺；棒前端另铸矛头，矛下有鼓形座。这类狼牙棒是多功能的，除可以击打外，还可以向前刺，是滇国特有的兵器。

Bronze wolf-teeth club surmounted with a spear

Warring States Period (475 BC—221 BC)
Length: 32cm
Excavated from the Lijiashan site in Jiangchuan District, Yuxi, Yunnan
Collected by the Yunnan Provincial Museum

镀锡八棱铜棒

∷西汉（前206—公元8年）
∷长16.5厘米∷直径4厘米∷銎径3厘米
∷云南省昆明市晋宁区石寨山遗址出土
∷云南省博物馆藏

◎铜棒为八棱柱形，表面镀锡，上端较粗，下端较细，空心。其中有一面有四个钉孔。

Bronze club

Western Han Dynasty (206 BC—8 AD)
Length: 16.5cm | width: 4cm | diameter of hole on axe: 3cm
Excavated from the Shizhaishan site in Jinning District, Kunming, Yunnan
Collected by the Yunnan Provincial Museum

镂空铜锤

:: 西汉（前206—公元8年）

:: 长26.7厘米

:: 云南省玉溪市江川区李家山遗址出土

:: 云南李家山青铜器博物馆藏

◎ 横置空心圆筒状锤身，中部呈『T』字形接圆筒状銎，遍镂菱形孔。出自大型男性墓内，与不同形制的三件狼牙棒共出，当属专用的仪仗器。滇国的铜锤分镂孔和实心两种，器形和装柄方法相同，但重量差别较大。使用时横打、竖击均可，与中原地区的兵器长锤相似。

Bronze hammer with reticulation

Western Han Dynasty (206 BC—8 AD)

Length: 26.7cm

Excavated from the Lijiashan site in Jiangchuan District, Yuxi, Yunnan

Collected by the Yunnan Lijiashan Bronze Museum

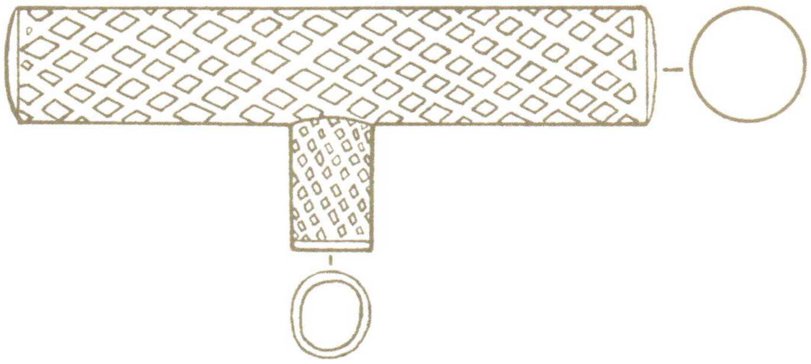

吊人铜矛

:: 西汉（前206—公元8年）
:: 长41.5厘米 :: 刃最宽6厘米
:: 云南省昆明市晋宁区石寨山遗址出土
:: 云南省博物馆藏

◎吊人铜矛为仪仗兵器。刃部平面呈等腰三角形，后锋做锐角。圆銎孔，刃部近柄处两侧各吊一个头发散乱、向前披覆、双手被捆的裸体男子，似为刑徒或战俘。器形奇异，具有浓郁的滇人艺术风格，人物形象很可能是代表着滇西地区常年与滇人作战的游牧民族——昆明人。

Bronze spear decorated with two hanging men

Western Han Dynasty (206 BC—8 AD)
Length: 41.5cm | maximum blade width: 6cm
Excavated from the Shizhaishan site in Jinning District, Kunming, Yunnan
Collected by the Yunnan Provincial Museum

虫兽纹铜臂甲

∷战国（前475—前221年）
∷长23厘米∷口径7—10厘米
∷云南省玉溪市江川区李家山遗址出土
∷云南省博物馆藏

◎整体圆筒状，臂口宽，腕口窄，与人的手臂相合。背面开口，口沿处有对称的穿孔两列。甲面有十分精致的线刻花纹，为虎、豹、猴、熊、鹿、野猪、鸡、鱼、虾、蜈蚣、蜜蜂、甲虫等虫兽纹十余种。有趣的是其中狸咬雄鸡和雄鸡食蜥蜴的场面。古代的雕刻家似已认识到动物之间相互制约的关系，构成『蜥蜴—雄鸡—狸』这样一条食物链。这件臂甲为滇国青铜器上线刻技术的杰作。线条纤细流畅，形象生动逼真。滇文化中不少青铜器上镌刻有花纹及图案，其制作要求和水平很高，极具研究价值。滇人用线条把动物、人物或生产、生活的某一场景生动地表现出来，甚至于动物的皮毛或禽类的羽毛，均刻画生动准确，表现出滇国工匠们高度的审美意识及精湛的艺术造诣。

Bronze bracers decorated with an insect and animal

Warring States Period (475 BC—221 BC)
Length: 23cm | calibre: 7—10cm
Excavated from the Lijiashan site in Jiangchuan District, Yuxi, Yunnan
Collected by the Yunnan Provincial Museum

铜箭镞

:: 西汉（前206—公元8年）
:: 长5.2厘米 :: 宽1.8厘米
:: 云南省昆明市晋宁区石寨山遗址出土
:: 云南省博物馆藏

镞身细长，后锋两翼分开，构成倒须，中间有脊突起，脊的两侧有血槽两道，刃犀利，圆形空心铤。

Bronze arrowheads

Western Han Dynasty (206 BC—8 AD)
Length: 5.2cm | width: 1.8cm
Excavated from the Shizhaishan site in Jinning District, Kunming, Yunnan
Collected by the Yunnan Provincial Museum

蛙形銎铜矛

:: 西汉（前206—公元8年）
:: 长17厘米 :: 宽8厘米
:: 云南省昆明市晋宁区石寨山遗址出土
:: 云南省博物馆藏

◎ 仪仗兵器。阔叶形刃，整体为一蛙形。蛙背饰勾连云纹、圆圈纹和锯齿纹，生动形象。矛是滇国最主要的兵器，滇国青铜器人物造像中许多武士和猎手都执矛。滇国铜矛主要有柳叶形和阔叶形两种，矛銎上多有花纹或圆雕动物装饰。

Frog-shaped bronze spear

Western Han Dynasty (206 BC—8 AD)
Length: 17cm | width: 8cm
Excavated from the Shizhaishan site in Jinning District, Kunming, Yunnan
Collected by the Yunnan Provincial Museum

立猪铜矛

∷西汉（前206—公元8年）

∷长14厘米∷宽5.5厘米∷銎径3厘米

∷云南省昆明市晋宁区石寨山遗址出土

∷云南省博物馆藏

◎铜矛刃短而阔，呈椭圆形，前端收为尖峰；銎做扁圆，直透刃的中部，銎口做偃月形，上有纽绳纹、回旋纹、菱形纹，上铸一圆雕立猪。

Bronze spear decorated with a boar

Western Han Dynasty (206 BC—8 AD)

Length: 14cm | width: 5.5cm | diameter of hole on axe: 3cm

Excavated from the Shizhaishan site in Jinning District, Kunming, Yunnan

Collected by the Yunnan Provincial Museum

伍 鸟道通幽

云南的地理区位对外交通优势很显著，它地处东亚大陆与中南半岛的接合部，是我国的西南门户。对外交往早在石器时代就已存在。自古以来形成的主要交通线主要有：从北盘江顺流而下可抵番禺；北方民族可由甘、青经横断山脉南下；沿大盈江、澜沧江、红河出境，可达中南半岛诸国；由四川、云南再到缅甸、印度能到达西亚乃至于欧洲地区。

怪兽扣饰线图

世人知“夜郎自大”的成语，但面对汉武帝的使者，滇王也曾问：“汉孰与我大？”虽然滇王不解汉帝国之雄阔，但一些异域远方的珍稀物品，也从鸟飞难越的山间小道辗转来到滇国，例如：饰三兽铜盒、蚀花玛瑙珠、玻璃珠、鎏金双人盘舞扣饰、有翼虎银带扣等，都是滇国对外贸易的直接成果或仿造而成。滇青铜文化中的青铜贮贝器就是贮藏海贝的器皿。因为海贝的珍贵，它在滇国也因此变成了财富与地位的一种象征。

贡纳场面铜贮贝器

∷西汉（前206—公元8年）
∷残高39.5厘米
∷云南省昆明市晋宁区石寨山遗址出土
∷中国国家博物馆藏

◎此器原状为由重叠的两鼓组成，出土时上鼓已残。在下鼓鼓口铸有立体人物、牛、马等，共21个。人像按其发式、装束及行进之状大致可分为7组，即表现了7个族。每组多者4人，少者2人，其为首者皆盛装佩剑，当为酋长形象，后随者或牵牛引马，或负物，应为部族成员。从整个场面看，为臣服的诸族来向滇王纳贡。

Bronze cowrie container decorated with figures of offering tribute

Western Han Dynasty (206 BC–8 AD)
Residual height: 39.5cm
Excavated from the Shizhaishan site in Jinning District, Kunming, Yunnan
Collected by the National Museum of China

立牛铜贮贝器

∷ 西汉（前206—公元8年）
∷ 高45厘米 ∷ 最大直径31厘米
∷ 云南省昆明市晋宁区石寨山遗址出土
∷ 云南省博物馆藏

◎ 束腰圆筒形贮贝器，三足，器身素面无纹，有对称的双耳，器盖中央雕铸一立牛，膘肥体壮，其犄角长且弯。

Bronze cowrie container decorated with a standing ox

Western Han Dynasty (206 BC—8 AD)
Height: 45cm | maximum diameter: 31cm
Excavated from the Shizhaishan site in Jinning District, Kunming, Yunnan
Collected by the Yunnan Provincial Museum

A collection of cowrie shells that were used as currency

Western Han Dynasty (206 BC—8 AD)
Length: 1.5cm | width: 1cm | height: 0.7cm
Excavated from the Shizhaishan site in Jinning District, Kunming, Yunnan
Collected by the Yunnan Provincial Museum

环纹货贝

::西汉（前206—公元8年）
::长1.5厘米::宽1厘米::高0.7厘米
::云南省昆明市晋宁区石寨山遗址出土
::云南省博物馆藏

货贝呈椭圆形，背面中部隆起，有黄褐色的圈纹，属腹足纲宝贝科，在太平洋和印度洋的暖水区有出产。滇国发现的环纹货贝超过20万枚。大量的海贝应该已经具备了货币的基本职能——价值尺度与流通手段。近年来在金莲山滇国古墓群的小墓中，我们发现了以海贝随葬的现象。这些海贝不是作为装饰品分布于死者头部或衣服部位，而是集中成一小堆放置在死者的腰间，说明它们已经脱离了装饰品的范畴，具有了价值尺度和流通手段的可能。1992年江川李家山第二次发掘中也发现了『少数中小型墓内也有少许海贝堆放』。

饰三兽铜盒

::西汉（前206—公元8年）
::高12.5厘米::口径14厘米
::云南省昆明市晋宁区石寨山遗址出土
::云南省博物馆藏

◎镀锡青铜器盒身与器盖均做半球状，扣合后近似球状，鼓腹，小平底，下有圈足。腹部及器盖表面皆有凸起的尖瓣纹一周，盖上有三只小兽。镀锡是滇青铜器上常用的加工技术。锡的熔点为230℃，经过镀锡的青铜器，表面均呈银白色，不仅美观而且富有光泽，并且会有较强的防腐蚀性能。古代滇国就已开发利用锡，制作大量的镀锡青铜器。铜盒上的裂瓣纹是西方艺术的典型纹饰，它模仿绽放的花朵，裂瓣纹器皿早期在叙利亚地区就有发现，其时间甚至早到了前1900多年，流行于埃及、两河流域、小亚细亚半岛、伊朗高原和南亚次大陆，也流行于希腊、罗马等地。从目前研究来看，学术界已经公认裂瓣纹属于外来的艺术风格，而且基本同意中国出土的裂瓣纹银盒也是海外传来的论点，例外的就是滇青铜文化遗址出土的几件裂瓣纹铜盒，显然是滇国工匠按照舶来品的式样在本地仿造的。

Bronze box decorated with three animals

Western Han Dynasty (206 BC—8 AD)
Height: 12.5cm | calibre: 14cm
Excavated from the Shizhaishan site in Jinning District, Kunming, Yunnan
Collected by the Yunnan Provincial Museum

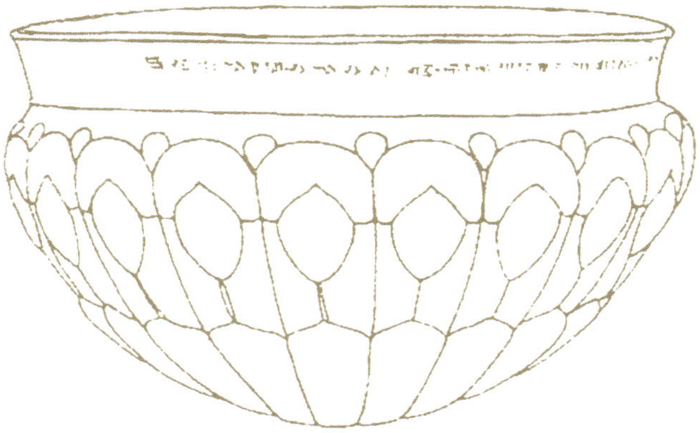

◎ 公元前4世纪刻有波斯薛西斯国王名的裂瓣纹金篚罍

◎ 伊朗舒什特尔城出土

Wine vessel with the name of Persia's King (Xerxes) engraved on it and a golden Petal shaped frame from the 4th century BC

Excavated from Shushtar City in Iran

鎏金双人盘舞铜扣饰

:: 西汉（前206—公元8年）
:: 长18.5厘米 :: 宽12厘米
:: 云南省玉溪市江川区李家山遗址出土
:: 云南省博物馆藏

◎扣饰上这两名舞蹈者的服饰相同，头后梳条形小髻，高鼻，深目，着紧身裤，其上有圆形花纹。腰部束带，身侧佩剑，剑带悬于右肩。双手执圆盘，口微张，腿部弯曲，做边歌边舞状；其下有一条蛇，口咬前人之右足，尾绕后人之左足。整件扣饰造型生动有趣，动感极强。从两个舞蹈者的形象特征与装束看，应是异域来客，有学者认为他们是北方草原游牧民族『塞人』。此铜扣饰对于研究汉代的盘舞有很高的参考价值。有学者认为两人手持之盘为『铜钹』，无误。

Gilded bronze buckle decorated with two dancing figures

Western Han Dynasty (206 BC—8 AD)
Length: 18.5cm | width: 12cm
Excavated from the Lijiashan site in Jiangchuan District, Yuxi, Yunnan
Collected by the Yunnan Provincial Museum

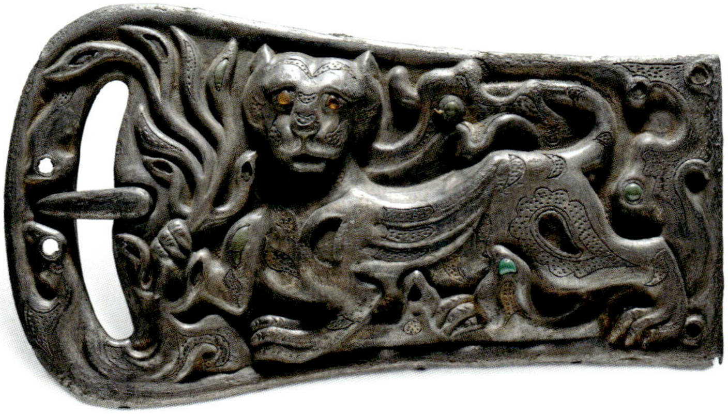

Silver buckle in the shape of a tiger with wings

Western Han Dynasty (206 BC—8 AD)
Length: 10.1cm | maximum width: 6.1cm
Excavated from the Shizhaishan site in Jinning District, Kunming, Yunnan
Collected by the Yunnan Provincial Museum

有翼虎银带扣

:: 西汉（前206—公元8年）
:: 长10.1厘米 :: 最宽6.1厘米
:: 云南省昆明市晋宁区石寨山遗址出土
:: 云南省博物馆藏

◎此带扣整体做盾牌形，前端较宽，转角处略呈弧形，后端较窄，转角方直。带扣的前半部有弧形孔槽，槽内横装齿舌，至今仍活动自如。槽用以穿带，齿舌用以扣孔，这都是带扣上的必备之物。正面有凸起的花纹，中间为一只有翅的老虎，右前爪持树枝物，昂首翘尾，雄视耽耽，形象生动。虎的双目用橙黄色琉璃珠镶嵌，全身错以极薄的金片装饰并嵌绿松石小珠，虎身后做山石或云气缭绕之状，工艺精湛。滇国居民极少使用带扣。有人认为它是中国内地的产品，是由中原地区传入云南的；有人认为它源于西亚或中亚地区，是『古希腊的所谓亚述式有翼兽』；还有人认为它可能是欧亚草原的游牧民族带入云南的。

蚀花肉红石髓珠

::西汉（前206—公元8年）
::最大件长7.2厘米::直径1.8厘米
::云南省昆明市晋宁区石寨山遗址出土
::云南省博物馆藏

◎全组16件，估计是用于饰颈的项链珠管。其中红玛瑙珠8件，白玛瑙珠5件，云雾玛瑙珠2件，蚀花肉红石髓珠1件。左上角的弦纹珠表面的弦纹并不是天然的，而是化学腐蚀而成。此类蚀花工艺最早出现在印度河流域的西亚和南亚一带，随着欧亚大陆经济文化的交流，传播广泛。其制作技术也有传播的现象，近东、东南亚都可能存在制造工场。早期的蚀花珠，以表面的圆圈花纹为主要特征，中期的蚀花珠的花纹以弦纹为主，晚期蚀花珠的花纹以曲线纹和卷草纹为主。滇国的蚀花珠有的是本地制造的，如铜鼓状的蚀花珠，也有的是输入品，其传入路线很可能是古代四川经云南至缅甸、印度的蜀身毒道。

Agate ornaments

Western Han Dynasty (206 BC—8 AD)
Length of the largest piece: 7.2cm | diameter 1.8cm
Excavated from the Shizhaishan site in Jinning District, Kunming, Yunnan
Collected by the Yunnan Provincial Museum

蚀花石髓珠

∷西汉（公元前206—公元8年）
∷长4.6厘米∷宽1.7厘米
∷云南省昆明市晋宁区石寨山遗址出土
∷云南省博物馆藏

◎这件蚀花石髓珠为扁圆柱形，四条白色线纹将珠子分为五段，一、三、五段为肉红色，二、四段为黑色。有两个穿孔，正中的穿孔较大，旁边有个较小的穿孔。蚀花石髓珠的制作方法是用一种野生白花菜的嫩茎捣成糊状和以少量洗涤碱的溶液，调成半流体状的浆液，用笔蘸之，绘于磨制好的石髓珠上，熏干后将珠子埋于木炭余烬，约五分钟后取出。冷却后，用粗布疾拭，即得光亮的蚀花珠。西汉时期，云南已经具有生产蚀花珠的能力了，石寨山出土的铜鼓形蚀花珠即为明证。

Agate ornaments

Western Han Dynasty (206 BC—8 AD)
Length: 4.6cm | width: 1.7cm
Excavated from the Shizhaishan site in Jinning District, Kunming, Yunnan
Collected by the Yunnan Provincial Museum

蜻蜓眼玻璃珠

:: 西汉（前206—公元8年）
:: 直径0.5厘米
:: 云南省昆明市晋宁区石寨山遗址出土
:: 云南省博物馆藏

◎蜻蜓眼式玻璃珠，是指以眼睛图案作为装饰的玻璃珠。在珠体上嵌入一种或数种不同于母体颜色的玻璃，形成一层或多层类似眼睛的效果，或在珠体上造出凸出表面的眼睛形状，形成『鼓眼』，颇似蜻蜓的复眼。这两件『瞳孔』位于眼眶正中，又称为同心圆纹眼珠。蜻蜓眼式玻璃珠最初起源于埃及，之后传到整个地中海地区与波斯，并且到达黑海北岸。石寨山出土的这两件蜻蜓眼玻璃珠的来历主要有从印度经南方丝绸之路而来、从楚地或巴蜀而来两种说法。虽然没有最终的定论，但不可否认的是它们是滇国对外交流的重要物证。

Glass beads

Western Han Dynasty (206 BC—8 AD)
Diameter: 0.5cm
Excavated from the Shizhaishan site in Jinning District, Kunming, Yunnan
Collected by the Yunnan Provincial Museum

玻璃珠

::战国（前475—前221年）
::高2.8厘米::直径1厘米
::云南省玉溪市江川区李家山遗址出土
::云南省博物馆藏

该器为浅绿色透明体，六棱柱形，两端平齐，中有穿孔。这枚玻璃珠曾经做过科学的成分鉴定，属于钾硅酸盐玻璃。它不仅是云南迄今考古发现年代最早的玻璃，也是中国出土的最早的钾硅酸盐玻璃之一，甚至在世界古代钾硅酸盐玻璃中也属于早期器物。把印度、泰国出土的古代钾硅酸盐玻璃与江川李家山出土的这枚六棱柱形玻璃珠相比较，不仅时代接近，而且化学成分也极为相似。两者均含氧化钾高，而含氧化铝、氧化钠低，这应该是采用了类似的玻璃助熔剂的缘故。所以江川李家山出土的这枚六棱柱形玻璃珠很可能就是从印度、泰国等地传入滇国的。它的传播途径可能是从印度、缅甸进入云南，即历史上著名的蜀身毒道。

Glass bead

Warring States Period (475 BC—221 BC)
Height: 2.8cm | diameter: 1cm
Excavated from the Lijiashan site in Jiangchuan District, Yuxi, Yunnan
Collected by the Yunnan Provincial Museum

云南青铜时代始末

青铜时代（Bronze Age）这一概念由丹麦考古学家 G.J. 汤姆生（Thomesen，1788—1865 年）提出。他在 1816 年将藏品按制作材料做了分类：石器、青铜器、铁器三部分，分别对应石器时代、青铜时代、铁器时代。他所指的青铜时代是“以红铜或青铜制成武器和切割工具的时代”。我国考古学所使用的青铜时代的概念，主要强调青铜器在社会物质文化中的重要作用。《中国大百科全书·考古学卷》定义青铜时代为“以青铜作为制造工具、用具和武器的重要原料的人类物质文化发展阶段”。

中国开始进入青铜时代大约在前 2000 年的夏王朝时期。商代青铜器几乎涉及社会生活的各个方面，是青铜文化发展的鼎盛期。西周以后逐渐进入转变期，青铜器从商代的“重礼”系统转而形成“重食”的系统，列鼎制度、编钟制度和赐命作器之习已经形成。春秋战国时期，列国纷争，青铜器各擅风骚，交相辉映，区域特征明显，青铜艺术发展达到了最后的高潮。随着铁器时代的来临，秦汉时期仅为青铜器发展史的末期，而在西南边陲，战国秦汉时期，云南青铜文化迸射出灿烂的光芒，在中国青铜文化发展史上留下了光辉的新篇章。

云南早在商代就已经出现了青铜器，当青铜器在社会物质生产中占据主要地位，并且社会发展到具有一定的组织结构之际，时间已经到了春秋时期。云南青铜时代的高潮期是在战国末至东汉初，以滇池盆地的“滇国”青铜文化为代表，滇西、滇南、滇东北等地百花齐放、异彩纷呈，青铜器在社会生活中占据了最重要的地位。西汉王朝在云南设置郡县后，铁器、牛耕等先进生产工具和技术逐渐在云南普及开来。东汉初年，云南青铜时代逐渐结束。据不完全统计，云南现已超过 76 个县、160 多个地点发现了青铜器，出土青铜器数量超过 10 000 件。总体看来，云南青铜器无论数量、质量、影响力，都以滇中地区为核心，呈现出一种向四周辐射的分布状态。这与史籍中对“西南夷”以及“滇国”的记载是吻合的。

按照云南青铜文化的地域范围以及青铜文化遗址类型，可以将其分为以下几个区系：1. 滇西北地区；2. 滇西地区；3. 滇中地区；4. 滇东；5. 滇东北地区；6. 滇南、滇东南地区。滇西北地区接近川藏，与该地流行的氐羌游牧文化相似；滇西地区早期遗址较多，是云南青铜文化的重要发源地；滇中地区是公认的云南青铜文化的最高代表；滇东、滇东北处于云、贵、川三省交界处，文化面貌比较复杂；滇南、滇东南地区不仅受到滇中青铜文化的影响，而且因与越南靠近，两者文化共性较多。

从空间来看，云南青铜文化的发展呈现出一种“自西向东、中心开花”的趋势。[1] 云南较早的青铜文化遗址主要集中在滇西地区，战国以后，滇中成为青铜文化发展的高峰，两者之间的联系清晰可见。现代科技考古研究结果也证明青铜冶铸技术上，“楚雄万家坝可视为滇文化的一个重要来源”[2]。战国以后，滇中地区青铜文化高度发达，一枝独秀，惠及周边，在夜郎、句町以及越南东山等文化中都留下了明显的烙印。

从时间来看，云南青铜文化是一种晚熟早夭的区域性青铜文化。晚熟，是指它的诞生时间相对滞后。在中原已经进入铁器时代之际，它的高潮才刚刚拉开帷幕；早夭，是指它正处在发展的巅峰时，因为西汉帝国的“大一统”政策，迅速地被汉文化所替代。

滇西北地区发现的战国双耳陶罐

滇东地区出土的战国镂空鞘铜剑

滇西北地区发现的战国秃鹫铜杖头

从文化属性来看，云南青铜文化更多地呈现出一种“原生态”的地方民族特性。虽然它在发展过程中接受了多种外来文化的影响，但最终还是以“多样统一”的形式，带有强烈的、独特的个性展现在我们面前，以现实主义的手法淋漓尽致地表现了当时人们社会生活的各方面。这也是云南青铜器的独特魅力所在。

注释

1.杨帆先生认为云南的青铜时代是由羌人将齐家文化的铜技术带入而开始的，其发展趋势是由西向东。出自杨帆：《试论云南及周边相关青铜文化的区系类型》，载《云南文物》2002 年第1期。

2.李晓岑：《古滇国金属技术研究》，科学出版社，2011年，第149页。

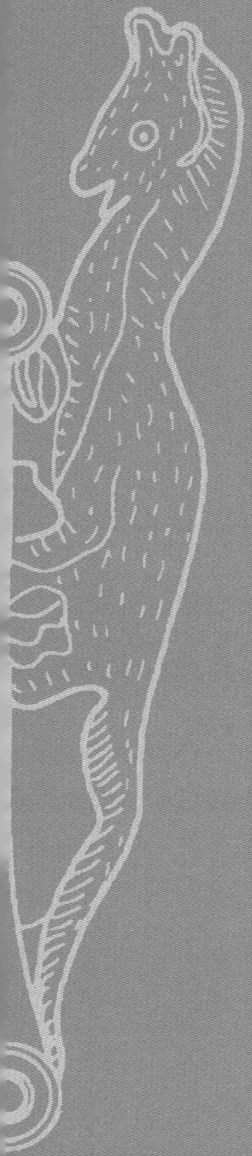

Part III The Disappearance of the Dian Kingdom

During the first year of the rule of Emperor Zhao of Han (86 B.C.), the leaders of salt producers and the Guzeng people in Yizhou revolted and more than thirty thousand people from 24 counties including those in Zangke, Tanzhi, and Tongbing rose in rebellion. The Western Han Dynasty took five years to suppress the rebellion. Marquis Wubo of Gouding (the name of a local regime in the southwest of China during the Han Dynasty) in the western Dian Kingdom led the county chiefs and people to fight back against the insurgents and captured more than one hundred thousand heads of livestock. Marquis Wubo of Gouding was rewarded with the title of the Gouding King in the Han Dynasty because of his outstandingly meritorious deeds in supressing the rebellion. In the people's uprising in Yizhou County, the King of Dian, who had served as the ruler of the Dian Kingdom, disappeared. It is supposed that he had been deposed before 86 B.C. and that the Dian Kingdom, which had been glorious for a short time, was annihilated during this turbulent time along with its king.

Authorization of an imperial seal to the King of Dian and the establishment of Yizhou County meant that Yunnan Province formally started the process of a pluralistic integration of Chinese culture, and it was also the starting point for the decline of the Dian Kingdom. As stated in the *Shih Chi – Ping Huan Book*, "Emperor Wu of Han ordered the construction of roads to Southwestern Yi and collected a large number of crops from people in Yunnan to be used for his army and officials and the local government treasury paid money to the crops' contributors". The influx of a large number of immigrants introduced advanced production tools and new production techniques to Yunnan. After the Eastern Han Dynasty, urban cultures on the major traffic routes in Yunnan increasingly converged with those in the mainland, and Han-style artefacts became the main funerary objects in Yunnan. The King of Dian walked off the stage of history to be replaced by a new political force which suddenly emerged from distinguished families in the south and centre of China (from present day Yunnan, Guizhou, southern Sichuan, and Western Guangxi). The whole history of the Dian Kingdom gradually vanished.

荒服之外，土地墝埆。食肉衣皮，不见盐谷。吏译传风，大汉安乐。携负归仁，触冒险陕。高山岐峻，缘崖磻石。木薄发家，百宿到洛。父子同赐，怀抱匹帛。传告种人，长愿臣仆。

——《后汉书·南蛮西南夷列传》

∷汉昭帝始元元年（前86年），『益州廉头、姑缯，牂柯、谈指、同并等二十四邑』『凡三万余人，皆反』，西汉王朝费时五年才镇压平定，滇国南面的『钩町侯亡波率其邑君长人民击反者』。后钩町侯亡波因镇压叛乱有功，被汉王朝封为钩町王。在这次益州郡人民起义当中，曾经的统治者滇王却不见踪迹，所以估计滇王在前86年之前就已经被废黜了。曾经显赫一时的滇王与滇国就此湮没在历史的洪流之中。

∷滇王受印和益州郡的设立意味着云南正式走向中华文化多元一体过程的开始，同时也是滇国走向衰亡的起点。《史记·平淮书》记载汉武帝『通西南夷，乃募豪民田南夷，入粟县官，而内受钱于都内』。大量的移民涌入，为云南带来了先进的生产工具和生产经验。东汉以后，云南主要交通干线上的城镇文化日益与内地趋同，汉式器物成为云南墓葬的主角。滇王黯然退场，取而代之的是崛起的新的政治势力——南中大姓。风流终被雨打风吹去。

传世『益州太守章』封泥

:: 西汉（前206—公元8年）

:: 传世品

◎此封泥为方形，印文为五字，应是元封二年置益州郡，太初元年（前104年）以后所颁之益州太守章打印的封泥，太守为一郡之长。它是云南自元封二年（前109年）起，正式纳入全国的统一建制的实物证明。

Seal of the administrator of Yizhou

Western Han Dynasty (206 BC—8 AD)

Handed down from ancient times

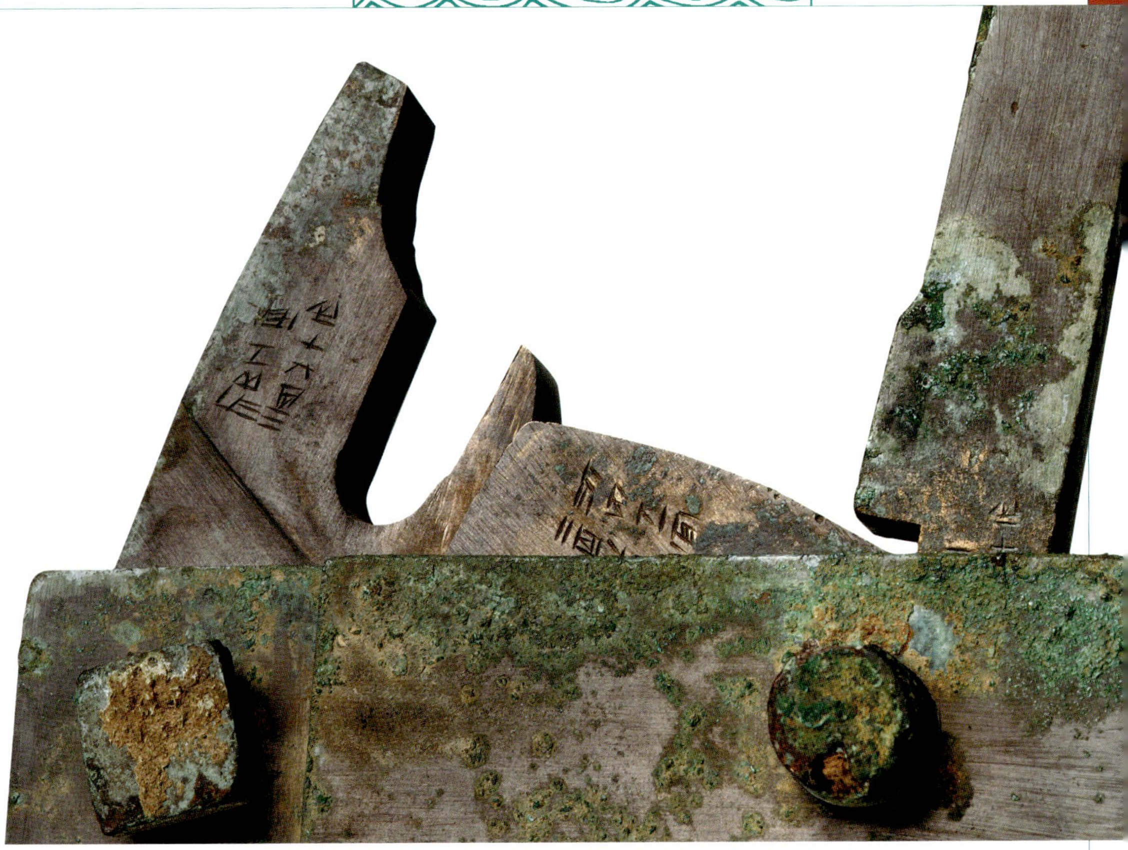

Bronze crossbow trigger with an inscription in Chinese characters

Western Han Dynasty (206 BC—8 AD)
Length: 26.7cm
Excavated from the Lijiashan site in Jiangchuan District, Yuxi, Yunnan
Collected by the Yunnan Provincial Museum

『河内工官』弩机

∷西汉（前206—公元8年）
∷长26.7厘米
∷云南省玉溪市江川区李家山遗址出土
∷云南省博物馆藏

◎弩机是弩的部件，装在弩『郭』（匣状）内，前方是用于挂弦的『牙』（挂钩），『牙』后连有『望山』（用于瞄准的准星），在铜郭的下方有『悬刀』（即扳机），用于发射箭矢。机廓、机牙、悬刀上均有『河内工官二百二十丙』篆书阴刻铭文，知为西汉河内郡治怀县（今河南武陟）所产。元封二年（前109年），汉设置郡县，滇池区域纳入汉朝版图，促进了滇池区域和中原内地政治、经济、文化的交流联系，『河内工官』弩机的出土就是明证。

鎏金铜铺手衔环

:: 西汉（前206—公元8年）
:: 长6厘米 :: 宽7厘米
:: 云南省昆明市晋宁区石寨山遗址出土
:: 云南省博物馆藏

铺首为兽面，鼻下环钮，上穿一环，通体鎏金，为典型的汉式器物。

Gilded bronze knocker

Western Han Dynasty (206 BC—8 AD)
Length: 6cm | width: 7cm
Excavated from the Shizhaishan site in Jinning District, Kunming, Yunnan
Collected by the Yunnan Provincial Museum

五铢钱

∷西汉（前206—公元8年）

∷长6厘米∷宽7厘米

∷云南省昆明市晋宁区石寨山遗址出土

∷云南省博物馆藏

◎圆形，方孔，有内外郭，铸有篆书『五铢』字样。

Wuzhu coin

Western Han Dynasty (206 BC—8 AD)

Length: 6cm | width: 7cm

Excavated from the Shizhaishan site in Jinning District, Kunming, Yunnan

Collected by the Yunnan Provincial Museum

大布黄千

∷东汉（25—220年）
∷长5.5厘米∷宽2.2厘米
∷云南省博物馆旧藏

◎云南出土了为数不少的西汉『五铢钱』『大泉五十』『大布黄千』等钱币，说明中原统一货币的制度已影响到云南，同时也揭示出汉代云南经济发展和商品交换与内地存在着紧密的联系。

Spade coin

Eastern Han Dynasty (25—220)
Length: 5.5cm | width: 2.2cm
Collected by the museum that preceded the Yunnan Provincial Museum

『蜀郡成都』铁镭

:: 东汉（25—220年）

:: 长11.5厘米 :: 宽11厘米

:: 云南省昭通市鲁甸县文屏乡出土

:: 云南省博物馆藏

◎铁镭是用于挖土的农具。这件铁镭呈『凹』字形，弧刃，上部为銎，可安插木质镬身，再横装木柄，銎部铸有篆书『蜀郡成都』的字样。四川成都即汉代蜀郡所在地。临邛距成都不远，盛产铁，是秦汉时有名的冶铸地，并设有铁官。铸有『蜀郡成都』铭文的铁镭应是蜀郡临邛铁官所铸。这件铁镭应是沿『五尺道』从四川输入云南的。

Iron spade with an inscription in Chinese characters

Eastern Han Dynasty (25—220)

Length: 11.5cm | width: 11cm

Excavated from Wenping Township, Ludian County, Zhaotong, Yunnan

Collected by the Yunnan Provincial Museum

『二千石大徐氏』提梁铜壶

∷东汉（25—220年）
∷高32厘米
∷云南省昆明市呈贡区小松山遗址出土
∷云南省博物馆藏

◎提梁壶是盛酒器。器口微侈，长颈，鼓腹，圈足，盖与口做子母口，盖侧有对称二纽，各套圆环。壶肩部饰弦纹两道，有兽首衔环。提梁做弓形，两端龙头形，龙口各衔链，链穿过盖侧圆环与两兽首所衔环相接。壶足刻隶书铭文『二千石大徐氏』。从『二千石』的铭文来看，该铜壶可能与益州郡的某任太守有关。

Bronze pot with a loop handle

Eastern Han Dynasty (25—220)
Height: 32cm
Excavated from the Xiaosongshan site in Chenggong District, Kunming, Yunnan
Collected by the Yunnan Provincial Museum

孔雀盖提梁铜壶

:: 东汉（25—220年）

:: 高43厘米 :: 腹径27厘米

:: 云南省昭通市桂家院子遗址出土

:: 云南省博物馆藏

◎ 这件提梁壶有盖，盖顶立一开屏的孔雀。直口，微向内敛，鼓腹，平底，圈足，肩及腹部各有宽带纹一道，肩上有左右对称的双环，连接龙形提梁，是一件融合滇文化元素的汉式器物的精品。

Bronze pot decorated with a standing peacock

Eastern Han Dynasty (25—220)

Height: 43cm | abdominal diameter: 27cm

Excavated from the Guijiayuanzi site in Zhaotong, Yunnan

Collected by the Yunnan Provincial Museum

铜洗

:: 东汉（25—220年）
:: 口径32厘米 :: 高12.5厘米
:: 云南省昭通市桂家院子遗址出土
:: 云南省博物馆藏

◎ 铜洗是盛水的洗具。这件铜洗敞口，折沿，鼓腹，平底，腹部有弦纹，左右有对称的半环状耳，耳内可能原有一环，已缺。

Bronze basin

Eastern Han Dynasty (25—220)
Calibre: 32cm | height: 12.5cm
Excavated from the Guijiayuanzi site in Zhaotong, Yunnan
Collected by the Yunnan Provincial Museum

分体铜甗

∷东汉（25—220年）

∷通高41厘米∷口径（上）34厘米，高23厘米∷口径（下）31厘米，高20厘米

∷云南省昭通市桂家院子遗址出土

∷云南省博物馆藏

◎这件铜甗上部为甑，折沿，敞口，腹部内收，饰弦纹三条，底部为穿孔箅供水蒸气流通。下部接釜，侈口，折沿，口沿外缘向内收，直颈，斜肩，肩上有两环耳，直腹，圜底。

Bronze *Yan* (a steamer)

Eastern Han Dynasty (25—220)

General height: 41cm | calibre: 34cm (upper) (height: 23cm) | calibre: 31cm (lower) (height: 20cm)

Excavated from the Guijiayuanzi site in Zhaotong, Yunnan

Collected by the Yunnan Provincial Museum

陶楼模型

:: 东汉（25—220年）
:: 高57厘米
:: 云南省大理市大展屯汉墓出土
:: 云南省大理州博物馆藏

◎ 西汉时期，云南的建筑形式是干栏式，内地是抬梁式和穿斗式。到了东汉时期，云南和内地的建筑形式逐步一致。云南东汉、东晋陶楼模型和壁画屋宇都出现了斗拱。这件陶楼模型有三层，方形，重檐庑殿顶，看起来像大宅院内用于警卫瞭望的『望楼』。

Pottery model of a building

Eastern Han Dynasty (25—220)
Height: 57cm
Excavated from the Dazhantun Han Dynasty Tomb in Dali, Yunnan
Collected by the Dali Bai Nationality Autonomous Prefecture Museum of Yunnan

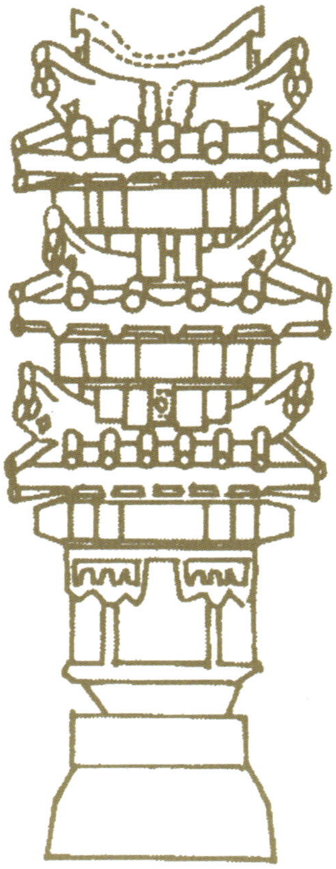

此照片由大理州博物馆杨伟林提供

博山陶炉

:: 东汉（25—220年）
:: 高26厘米
:: 云南省昭通市象鼻岭遗址出土
:: 云南省博物馆藏

◎博山炉是夹砂灰陶。炉身形制为高柄豆，炉壁镂三角形孔，唇沿做子口，与盖吻合，圈足。盖上镂孔处似莲瓣张开，盖口附近有弦纹两周。博山炉是专门用于象征汉代仙家思想中仙山的器物。

Pottery incense burner

Eastern Han Dynasty (25—220)
Height: 26cm
Excavated from the Xiangbiling site in Zhaotong, Yunnan
Collected by the Yunnan Provincial Museum

延光四年封地刻石

::东汉（25—220年）
::高115厘米::宽57厘米
::1956年发现于昆明南郊塔迷苴
::云南省博物馆藏

◎黄色砂岩，不规则略带长方形，上窄下宽。原为砌桥石，桥毁而石存，人畜践踏，还曾被当作砺石使用，残存古隶书三十余字，记载以牛易地及地之界至，书体风格与山东莒州宋伯望刻石近似。

Han stone engravings

Eastern Han Dynasty (25—220)
Height: 115cm | width: 57cm
Collected by the Yunnan Provincial Museum

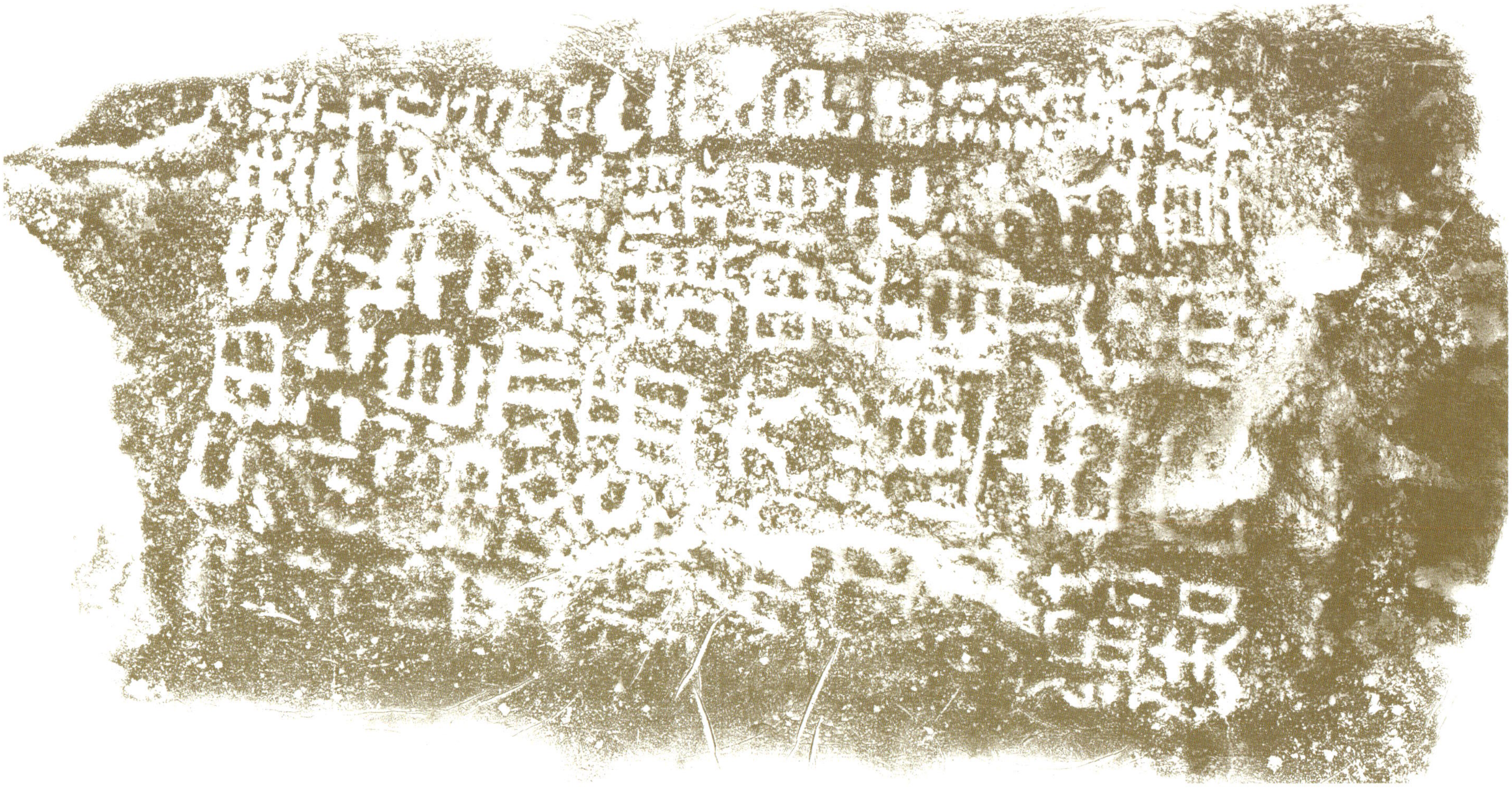

孟孝琚碑

:: 东汉（25—220年）
:: 高155厘米 :: 宽92厘米
:: 云南省昭通市东南乡白泥井遗址出土
:: 现存昭通第三中学的『汉碑亭』内

◎此碑是东汉时内地文化在云南传播的一个证据。碑文叙述了孟广宗（字孝琚）的生平。孟氏为著名的『南中大姓』之一。孟孝琚自幼接受汉式教育，博览群书，十二岁『随官受韩诗，兼通孝经二卷』。他未娶先聘，死于武阳，归葬故乡祖茔。『大姓』们实行的婚丧礼俗亦与内地无别。碑的四周刻四神图案，说明他们的宗教信仰乃至艺术趣味均与内地一致。

Stone tablet

Eastern Han Dynasty (25—220)
Height: 155cm | width: 92cm
Excavated from the Bainijing site in Dongnan Township, Zhaotong, Yunnan
In the Han Tablets Pavilion in Zhaotong No.3 Middle School, Yunnan

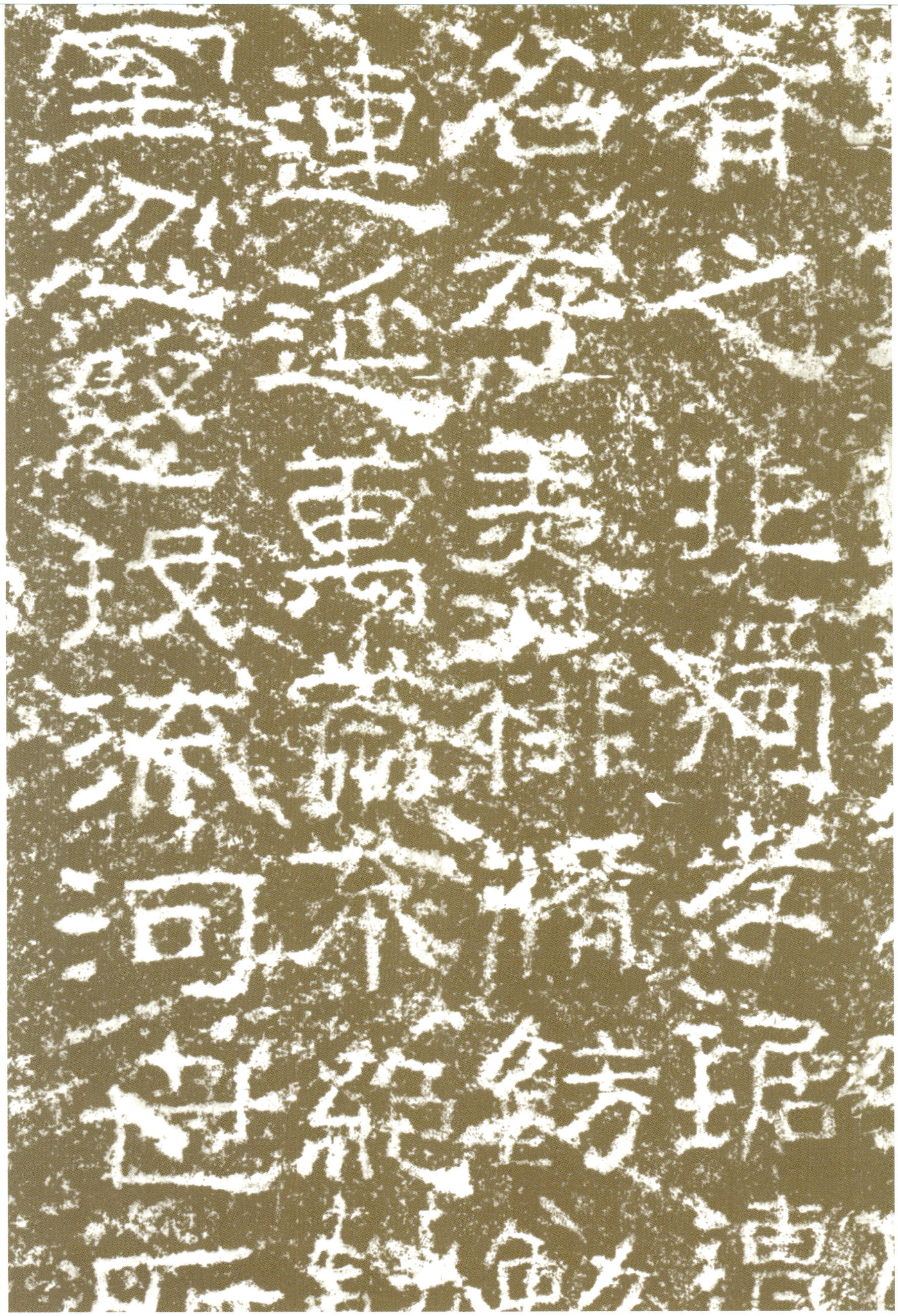

辉煌一时的滇青铜文化虽然在东汉时拉上了帷幕，但作为一种优秀的民族文化，它的影响与辐射面极广。我们在广西、广东、越南等地的青铜文化中都可以看到它明显的踪影，特别是铜鼓的传播，更越出了国界，遍及南亚、东南亚等地区，至今仍深受诸多民族的喜爱。

曾创造出高度青铜文明的滇人，他们逐渐远离了原来的生活地域，开始向南方迁徙，历经漫长的岁月，与西南边地一些民族融为一体，成为现代一些民族的祖先。

西盟型铜鼓

::明清时期（1368—1911年）

::面径67.3厘米 :: 高50.2厘米

::云南省博物馆旧藏

◎西盟型铜鼓以云南省西盟佤族自治县佤族村寨出土的铜鼓为代表，整体呈直筒形，鼓面常铸有立体蛙饰，面大于胸，腰部微收，腰、足无明显区分。流传于缅甸、泰国、老挝等东南亚国家，尤其在缅甸北部克耶邦的克伦族中广为使用，也有学者称此类型铜鼓为『克伦鼓』。

Bronze drum

Ming and Qing Dynasties (1368—1911)

Face diameter 67.3cm | height: 50.2cm

Collected by the museum that preceded the Yunnan Provincial Museum

云南文山的彝族使用铜鼓

开疆划界

∷自孝武之所不征，孝宣之所未臣，莫不陆詟水栗，奔走而来宾。遂绥哀牢，开永昌，春王三朝，会同汉京。

——东汉·班固《东都赋》

∷汉开西南夷，设置七郡，奠定了西南边疆地区行政区划的基本格局。西汉时期，云南西部疆域已经跨过澜沧江抵达怒江东岸。东汉永平十二年（69年）永昌郡设立后，云南的西部疆域从澜沧江、怒江之间延伸到了缅甸北部的伊洛瓦底江。我国西南疆域也在此时基本界定，历两千余年沧桑，未曾有太大变化。永昌郡的建立，标志着两汉王朝『开发西南夷』的目标基本实现。西南民族的归化怀德，有《后汉书·西南夷传》记载的《乐德》《慕德》《怀德》三章为证。

∷明清之际王夫之在《读通鉴论》中对汉朝经略开发西南夷评价道：『以一时之利害言之，则病天下；通古今而计之，则利大而圣道以弘。』

大事年表

公　元	王朝纪元	全国大事	云南大事
前286年	秦惠文王二十一年		庄蹻入滇
前250年	秦孝文王元年	李冰任蜀郡守	李冰在僰道开始修建通往滇东北的道路，为“五尺道”的开端
前246年	秦始皇元年	秦王政即位	
前221年	秦始皇二十六年	秦王统一中国，首次建立统一的中央集权的多民族国家	
前220年	秦始皇二十七年		秦在云南及其周围“置吏”
前206年	汉高祖元年	秦亡	
前202年	汉高祖五年	刘邦统一全国，建立西汉	
前140年	汉武帝建元元年	汉武帝刘彻即位	
前139年	汉武帝建元二年	张骞出使西域	
前135年	汉武帝建元六年	唐蒙出使夜郎	设犍为郡，滇东北部分地区开始置于汉王朝直接统治之下
前122年	汉武帝元狩元年		张骞建议经“西南夷”“身毒”通大夏，联合抗击匈奴，汉武帝遣使入滇，为昆明人所阻
前119年	汉武帝元狩四年	汉欲击“昆明”，于长安凿昆明池，习水战	
前109年	汉武帝元封二年		滇王降汉，置益州郡，赐滇王王印，复长其民
前86年	汉昭帝始元元年		益州廉头、姑缯反，牂牁地区二十四邑响应。
前81年	汉昭帝始元六年	盐铁争议	钩町侯亡波立为王
前61年	汉宣帝神爵元年		王褒至益州，求“金马碧鸡”之神
9年	新莽建国元年	王莽正式即位，改国号为新	

续表

公　元	王朝纪元	全国大事	云南大事
12年	新莽四年	钩町王因被贬，起兵	
14—21年	新莽天凤元年至地皇二年		益州郡和越嶲郡起兵反莽
22年	新莽地皇三年	赤眉绿林农民摧毁王莽政权	
25年	东汉光武帝建武元年	刘秀建立东汉王朝	
51年	东汉光武帝建武二十七年		哀牢王贤粟请求内附，封为“君长”
67年	东汉明帝永平十年		设益州西部属国，统辖不韦、嶲唐、比苏、叶榆、邪龙、云南六县
69年	东汉明帝永平十二年		哀牢王柳貌率众内附，新设哀牢、博南二县，与益州西部属国合并成立永昌郡
85—87年	东汉元和二至四年		蜀郡王阜为益州郡太守，始兴学校，渐迁其俗
94年	东汉和帝永元六年		永昌徼外敦忍乙王莫延慕义遣使入贡
97年	东汉和帝永元九年		掸国王雍由调首首次来献，赐金印紫绶

主要参考文献

专著：

1.张增祺：《滇国与滇文化》，昆明：云南美术出版社，1997年。

2.张增祺：《中国西南民族考古》，昆明：云南人民出版社，1990年。

3.樊海涛：《滇青铜文化与艺术研究》，昆明：云南科技出版社，2012年。

4.中国古代铜鼓研究会：《中国古代铜鼓》，北京：文物出版社，1988年。

5.《云南青铜器论丛》编辑组：《云南青铜器论丛》，北京：文物出版社，1981年。

6.《云南各族古代史略》编辑组：《云南各族古代史略》（内部出版），昆明：云南人民出版社，1977年。

7.云南省博物馆编：《云南青铜文化论集》，昆明：云南人民出版社，1991年。

8.云南省博物馆编：《云南省博物馆学术论文集》，昆明：云南人民出版社，1989年。

9.李伟卿：《云南民族美术史论丛》，昆明：云南人民出版社，1995年。

10.李晓岑等：《中国铅同位素考古》，昆明：云南科技出版社，2000年。

11.李伟卿：《铜鼓及其纹饰》，昆明：云南科技出版社，2000年。

12.汪宁生：《云南考古》，昆明：云南人民出版社，1991年。

13.李昆声：《云南艺术史》，昆明：云南教育出版社，2001年。

14.蒋志龙：《滇国探秘——石寨山文化的新发现》，昆明：云南教育出版社，2002年。

15.童恩正：《南方文明》，重庆：重庆出版社，1998年。

16.袁珂：《中国古代神话》，上海：中华书局，1960年。

17. [日]林谦三：《东亚乐器考》，北京：音乐出版社，1962年。

18.孙机：《汉代物质文化资料图说》，北京：文物出版社，1990年。

19.干福熹：《中国古代玻璃技术的发展》，上海：上海科技出版社，2005年。

20.李学勤：《比较考古学随笔》，南宁：广西师范大学出版社，1997年。

21.张光直：《中国考古学论文集》，北京：生活·读书·新知三联书店，1999年。

22.田广今、郭素新：《鄂尔多斯式青铜器》，北京：文物出版社，1986年。

23.许智范、肖明华：《南方文化与百越滇越文明》，南京：江苏教育出版社，2005年。

24.谢崇安：《壮侗语族先民青铜文化艺术研究》，北京：民族出版社，2007年。

25.谢崇安：《滇桂地区与越南北部上古青铜文化及其族群研究》，北京：民族出版社，2010年。

26.彭长林：《云贵高原的青铜时代》，南宁：广西科学技术出版社，2008年。

27.杨勇：《战国秦汉时期云贵高原考古学文化研究》，北京：科学出版社，2011年。

28.云南省文物考古研究所编：《云南考古文集》，昆明：云南民族出版社，1998年。

期刊：

1.李家瑞：《云南古代用贝币的大概情形》，《历史研究》1956年第9期。

2.杨根：《云南晋宁青铜器的化学成分分析》，《考古学报》1958年第3期。

3.云南省博物馆：《晋宁石寨山出土有关奴隶制社会的文物》，《文物》1959年第5期。

4.吴扑：《我对“滇王之印”的看法》，《文物》1959年第7期。

5.王仲殊：《说滇王之印与汉委奴国王印》，《考古》1959年第10期。

6.冯汉骥：《云南晋宁石寨山出土文物的族属问题试探》，《考古》1961年第9期。

7.李家瑞：《汉晋以来铜鼓发现地区图》，《考古》1961年第9期。

8.李家瑞：《两汉时代云南的铁器》，《文物》1962年第3期。

9.杜杉：《彝族不是使用铜鼓的民族——兼对〈汉晋以来铜鼓发现地区图〉的商榷》，《考古》1962年第8期。

10.李述方：《汉宋间的云南冶金业》，《云南学术研究》1962年第11期。

11.安志敏：《“干兰”式建筑的考古研究》，《考古学报》1963年第2期。

12.冯汉骥：《云南晋宁石寨山出土铜器研究——若干主要人物活动图像试释》，《考古》1963年第6期。

13.林声：《试释云南晋宁石寨山出土铜片上的图画文字》，《文物》1964年第5期。

14.何纪生：《略述中国古代铜鼓的分布地域》，《考古》1965年第1期。

15.童恩正：《略谈云南祥云大波那木椁铜棺墓的族属》，《考古》1966年第1期。

16.冯汉骥：《云南晋宁出土铜鼓研究》，《文物》1974年第1期。

17.作铭：《我国出土的蚀花的肉红石髓珠》，《考古》1974年第6期。

18.林声：《晋宁石寨山出土铜器图象所反映的西汉滇池地区的奴隶社会》，《文物》1975年第2期。

19.童恩正：《我国西南地区青铜剑的研究》，《考古学报》1977年第2期。

20.王大道：《云南滇池区域青铜时代的金属农业生产工具》，《考古》1977年第2期。

21.汪宁生：《试论中国古代铜鼓》，《考古学报》1978年第2期。

22.张增祺：《云南铜柄铁剑及其有关问题的初步探讨》，《考古》1982年第1期。

23.张增祺：《从出土文物看战国至西汉时期云南和中原地区的密切联系》，《文物》1978年第10期。

24.李伟卿：《中国南方铜鼓的分类和断代》，《考古》1979年第1期。

25.张增祺：《从滇文化的发掘看庄蹻王滇的真伪》，《贵州民族研究》1979年第1期。

26.张永康：《略谈关于战国秦汉时期滇人是否用贝币的问题》，《云南文物》1979年第8期。

27.李昆声：《先秦至两汉时期云南的农业》，《思想战线》1979年第3期。

28.张增祺：《云南青铜时代的“动物纹”牌饰及北方草原文化遗物》，《考古》1987年第9期。

29.汪宁生：《晋宁石寨山青铜器图象所见古代民族考》，《考古学报》1979年第4期。

30.童恩正：《我国西南地区青铜戈的研究》，《考古学报》1979年第4期。

31.李昆声：《云南牛耕的起源》，《考古》1980年第3期。

32.童恩正：《近年来中国西南民族地区战国秦汉时代的考古发现及其研究》，《考古学报》1980年第4期。

33.汪宁生：《试论石寨山文化》载《中国考古学会第一次年会论文集》，北京：文物出版社，1980年。

34.王大道、朱宝田：《云南青铜时代纺织初探》载《中国考古学会第一次年会论文集》，北京：文物出版社，1980年。

35.李昆声、高钟炎：《漫谈云南古代青铜动物造型艺术》，《美术丛刊》1982年第12期。

36.易学钟：《石寨山三件人物屋宇雕像考释》，《考古学报》1991年第1期。

37.樊海涛：《“贡纳场面贮贝器”刍议》，《中国国家博物馆馆刊》2012年第1期。

附录：

“铜铸滇魂——云南滇国青铜文化展”展览设计图

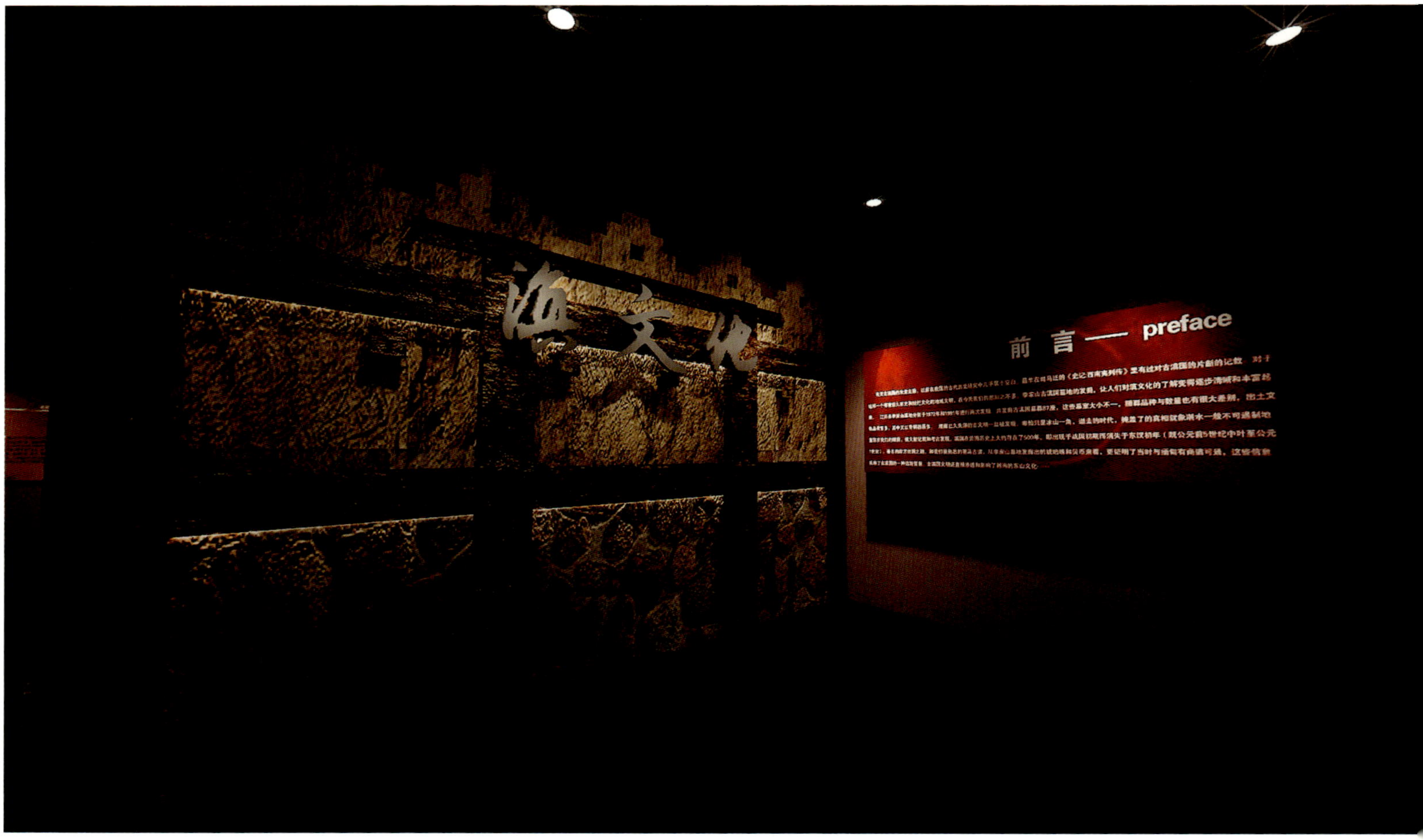

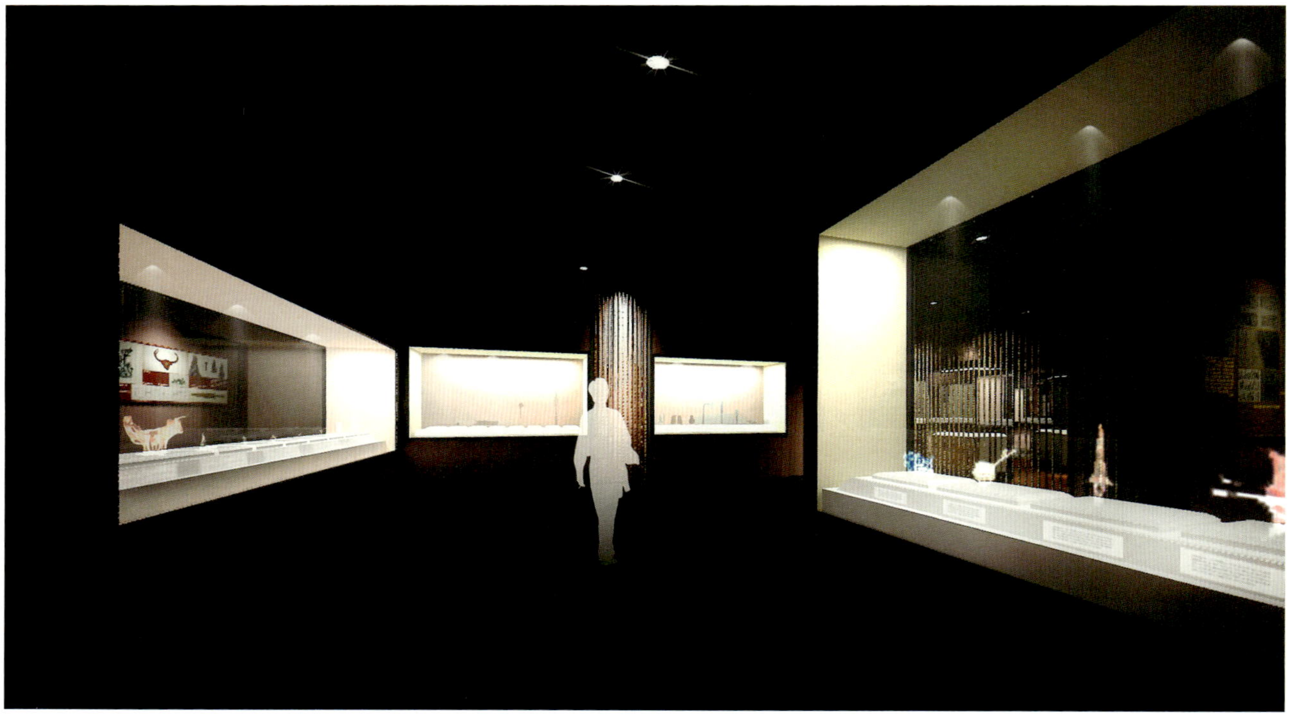

后记

经过秦始皇帝陵博物院与云南省博物馆一年多的精心筹备，由秦始皇帝陵博物院策划、举办的“东周时期地域文化系列展”的又一力作“铜铸滇魂——云南滇国青铜文化展”将于2018年6月开展，展期3个月。此次展览参展的文物共计120件（套），仅一、二级文物珍品就达58件（套），其中石寨山出土的四牛鎏金骑士铜贮贝器、二人盘舞鎏金铜扣饰、江川李家山出土的祭祀场面贮贝器等都是举世闻名的滇国瑰宝。

在“铜铸滇魂——云南滇国青铜文化展”的筹备期间，我们还编辑出版了展览的同名图录。一个好展览的生命不应随着展览的撤离而结束。我们出版的这本图录，将精美的展品和相关研究成果记载下来，可以作为云南滇国青铜文化的研究资料，不仅为亲临现场的观众留下长远回味，更可以给无缘亲临现场的人们带来无限意趣。在展览和图录筹备期间，我们得到了云南省文物局、陕西省文物局、云南省博物馆、云南李家山青铜器博物馆、云南省文物考古研究所的大力支持。云南省博物馆马文斗馆长、樊海涛主任、平力、邢毅、杨成书、陈亮、姚佳琳等老师为这次展览的成功举办和图录的出版全力以赴，为了文物出展的安全性及最佳展示效果，技术部对30余件（套）出展青铜文物进行维护保养。严钟义老师与云南李家山青铜器博物馆李红成馆长也为展览与图录做了非常重要的工作。云南省文物考古研究所蒋志龙研究员为本图录撰写了《近年来滇国考古的新发现》。云南省博物馆樊海涛研究员为本图录撰写了《东周至东汉时期的滇国》。这两篇论文为本图录的学术价值增加了份量。马文斗馆长和樊海涛主任审阅了本次陈列内容方案和图录文稿。

在展览筹备和图录编撰期间，也得到了秦始皇帝陵博物院领导和院各个部门的全力支持。侯宁彬院长多次给予指导，亦亲自为本书作序。院长助理郭向东、陈列展览部副主任邵文斌多次协调有关部门，并在各方面严格把关，使各项工作有条不紊地进行。藏品管理部马生涛主任和郑宁等人为展品的包装运输工作付出了辛勤劳动。张济琛、杨立盟、庞佳瑜翻译了展览和图录中的部分文字，英国的 Shiona Airlie 女士对译稿进行了审阅修订。陈列展览部的崔大龙和张涛不仅全力设计展览，而且在编辑出版这本图录乃至施工布展等方面都发挥了关键作用。西北大学出版社的琚婕编辑认真审稿，严格把关。设计师唐洁虹为本图录进行了创新设计。北京雅昌艺术印刷有限公司的精心印制，更使本图录锦上添花。

展览的筹备和图录的出版是一个复杂的系统工程，特别是这一类型的展览，不仅内容艰涩，须比其他内容的展览付出更多的努力，而且展览由策划到实施，一点一滴的积累都凝聚着所有人的辛苦付出。在此，我们谨向所有关注、支持展览筹备和图录出版的单位和个人致以最诚挚的感谢！

编者

2018 年 6 月

图书在版编目（C I P）数据

铜铸滇魂：云南滇国青铜文化展 / 秦始皇帝陵博物院编. -- 西安：西北大学出版社，2018.4
ISBN 978-7-5604-4165-8

Ⅰ. ①铜… Ⅱ. ①秦… Ⅲ ①青铜器（考古）—研究—云南—战国时代 Ⅳ. ①K876.414

中国版本图书馆CIP数据核字(2018)第071790号

铜铸滇魂
——云南滇国青铜文化展

编　　者　秦始皇帝陵博物院
主　　编　侯宁彬
责任编辑　郭学功　琚婕
装帧设计　雅昌设计中心 · 北京
出版发行　西北大学出版社
地　　址　西安市太白北路229号西北大学内
电　　话　(029) 88302621　88302590
邮政编码　710069
印　　刷　北京雅昌艺术印刷有限公司
开　　本　965mm×635mm　1/8
印　　张　29
字　　数　200千字
版　　次　2018年 4 月第 1 版
印　　次　2018年 4 月第 1 次印刷
印　　数　1—1000
标准书号　ISBN 978-7-5604-4165-8
审 图 号　云 S（2018）013号
定　　价　360.00元
网　　址　http://nwupress.nwu.edu.cn